Les recettes santé et les délices d'Anne-Marie

Les recettes santé et les délices d'Anne-Marie

Anne-Marie Chalifoux, D.N.

ÉDITIONS
TRUSTAR

ÉDITIONS
TRUSTAR

2020, rue University, bureau 2000
Montréal (Québec) H3A 2A5

Directrice : Annie Tonneau
Révision et correction : Camille Gagnon
Maquette de la couverture : Laurent Trudel
Photos : André Panneton
Mise en pages : CompoMagny enr.
Recherches : Marie-Hélène Meunier
Maquillage et coiffure : Macha Colas

Dépôt légal
Bibliothèque nationale du Québec
Bibliothèque nationale du Canada
Deuxième trimestre 1995
ISBN 2-921221-58-6

Introduction

La cuisine est pour moi un lieu d'amour et de célébration. Il s'agit d'un endroit où l'on peut s'exercer à mieux s'aimer, et à mieux aimer les autres, en concoctant de savoureux petits plats pleins de santé. Tout en cuisinant, j'ai pris l'habitude de rendre grâce à la Vie et d'apprécier chaque ingrédient qui contribue soit à mon plaisir, soit à mon mieux-être.

Nous savons tous à quel point il est important de bien nous alimenter, et en même temps, nous voulons des mets appétissants et bons au goût. Ces recettes ont justement été conçues dans cette optique : satisfaire le palais en plus de donner à votre organisme de bonnes rations de fibres, de protéines et de vitamines. Souvent même, afin de vous aider, je vous suggère avec quoi servir ces plats pour offrir à votre petit monde un repas bien équilibré.

De plus, sachant que nous ne disposons pas toujours de beaucoup de temps pour préparer notre bouffe, j'ai choisi des recettes économiques, simples et faciles à élaborer, tout autant pour les nouveaux cuisiniers et les cuisinières débutantes.

Bien se nourrir est essentiel à notre bonne forme, mais le bonheur et la joie le sont tout autant. Je vous souhaite beaucoup de plaisir à confectionner et à déguster ces recettes que j'ai glanées à travers le monde et vous dis :

« Bon appétit ! »

Votre amie,

Anne-Marie

7

Suggestions
et trucs cuisine

Règles d'or dans la cuisine

☞ *La propreté et l'hygiène dans la cuisine contribue-*
ront à la qualité de vos plats. Le meilleur aliment présenté
dans des conditions incertaines, et même douteuses, offre
beaucoup moins de valeur nutritive et peut même devenir
dangereux.

• Toujours **bien se laver les mains** avant de toucher aux aliments.

• Les **plats cuisinés** devraient être conservés au chaud ou au froid, et ne jamais séjourner à la température de la pièce. Réfrigérez les restes aussitôt que possible.

• Les légumes qui ont **perdu de la couleur** ou de la **fermeté** devraient être jetés car leur détérioration est avancée.

• Attention aux **meurtrissures** sur les fruits ou aux taches de « rouille ».

• Si un fruit ou un légume semble **cesser de mûrir** ou de « vivre », méfiez-vous-en.

• Retirez soigneusement les germes des **pommes de terre** ainsi que toutes parties vertes, elles contiennent de la solanine, une substance toxique.

• **Lavez** toujours soigneusement et même **brossez** vos fruits et légumes avant de vous en servir. Vous pouvez aussi les faire tremper de 5 à 15 minutes dans une eau légèrement vinaigrée ou salée ; rincez-les bien par la suite.

• La **moisissure** qui apparaît sur les aliments ne devrait jamais être consommée. En règle générale, sur les aliments durs (fromage ferme, etc.), on peut l'enlever en coupant assez profondément et consommer ce qui reste. Par contre, sur les aliments mous (pain, sauce, confiture), le fait d'enlever la moisissure apparente ne suffit pas: il faut tout jeter car il existe des ramifications de moisissure invisibles à l'œil nu.

• Toute **odeur de ranci** devrait être prise en considéra-tion, particulièrement s'il s'agit de noix, de farines, de grains complets, d'huiles ou d'aliments qui en

11

contiennent. Lorsque ces substances deviennent **rances**, elles sont dangereuses pour la santé. Ne faites pas d'économies de bouts de chandelles : jetez-les.

• **Décongelez** les aliments dans le réfrigérateur plutôt que sur le comptoir de la cuisine.

• La **vaisselle ébréchée** devrait être stérilisée régulièrement ou affectée à un autre usage que la cuisine puisqu'elle constitue un milieu propice à la prolifération des bactéries.

• Les **poêlons** et les **casseroles** au fini **antiadhésif** ne devraient plus être utilisés lorsque le fini est abîmé ; celui-ci risque alors d'être ingéré en même temps que les aliments, ce qui, à la longue, peut nous faire de beaux intestins en « Téflon »... Voilà pourquoi vous devez prendre grand soin de ce type de poêlon et n'utiliser que des ustensiles en plastique ou en bois.

• Essayez d'avoir **deux planches à découper** : une pour les produits animaux (viandes, volailles, poisson) et l'autre pour les végétaux. Si vous n'en avez qu'une, lavez-la à fond après l'avoir utilisée pour des produits animaux ; la rincer ne suffit pas. En coupant des légumes sur une planche où l'on vient de mettre des produits animaux, vous risquez de les contaminer. Ce serait également une bonne idée de bien laver vos **couteaux** après chaque usage, quel que soit l'aliment.

• De temps à autre, **désinfectez** vos surfaces de travail, ustensiles et torchons avec une solution d'eau de Javel ou de borax. Pour l'eau de Javel, mettez une cuillerée à soupe pour 4 litres d'eau; pour le borax, 3 c. à soupe pour 4 tasses d'eau. N'utilisez pas le borax sur l'aluminium.

• Ne changez pas du jour au lendemain toute votre **batterie de cuisine**, mais gardez en mémoire que les meilleurs matériaux sont l'acier inoxydable, la fonte noire ou émaillée, le pyrex et la terre cuite mate. Certaines études déconseillent l'aluminium.

• Ne conservez jamais des aliments directement dans une **boîte de conserve**. Ne gardez pas les boîtes de conserve plus d'un an. Jetez toute boîte de conserve gonflée ou abîmée.

• La **meilleure méthode de cuisson** est sans contredit la cuisson à la **vapeur douce**. Procurez-vous une marguerite et, éventuellement, investissez dans un couscoussier (sorte de bain-marie dont la partie supérieure est perforée pour recevoir la vapeur). Avec ce type de cuisson, vous pouvez préparer vos légumes ainsi que votre poulet, votre poisson et vos pièces de viande qui n'en seront que plus savoureux et meilleurs pour la santé.

N'utilisez pas l'eau de cuisson pour vous-même car la vapeur ne fait pas que cuire les aliments, elle les lave ; par contre, si vous n'avez cuit que des légumes, vous pouvez utiliser cette eau pour arroser vos plantes. Les légumes cuits à la vapeur conservent infiniment plus de vitamines et de minéraux que ceux cuits à grande eau.

Les cuissons au **gril**, au **four** et à l'**étuvée** sont des méthodes très valables mais qui ne sauraient surclasser celle à la vapeur. J'aime tellement mon couscoussier que je m'en sers pour réchauffer mes aliments et même pour décongeler mes petits plats cuisinés ; on peut y déposer une assiette de la plus fine porcelaine sans danger qu'elle ne se brise, c'est vous dire à quel point cette vapeur porte bien le nom de « douce ». Comme je n'ai pas de four micro-ondes (j'ai à ce sujet de sérieuses réserves), mon couscoussier me dépanne lorsque justement il faut décongeler ou réchauffer un plat: il le fait à merveille et en un temps record.

• Tentez de cuire vos **légumes** un peu moins longtemps ; apprenez à les apprécier **croquants**.

La préparation de vos repas ne devrait pas être une corvée ; bien manger ne doit pas non plus devenir une obsession. Allez-y à votre rythme, faites-vous confiance... et pardonnez-vous vos petits écarts de régime.

Pensons à remercier la Vie pour tous les aliments qu'elle nous donne, faisons de chaque repas une fête... même si on le prend seul. Un joli napperon, une bougie ou deux, quelques fleurs égayeront la table tout en nous rappelant que nous disposons alors d'une occasion de restaurer nos forces et notre énergie et aussi de nous gâter : nous le méritons.

Le garde-manger santé

Voici quelques produits qui vous permettront d'avoir sous la main les ingrédients nécessaires à la confection des recettes de ce livre.

Produits céréaliers :

• De la <u>farine de blé entier</u> que vous conserverez au réfrigérateur. Il en existe deux sortes : la <u>farine de blé mou</u> (ou farine à pâtisserie) et la <u>farine de blé dur</u> (ou farine à pain). Lorsqu'une recette indique simplement « farine de blé entier », il s'agit toujours de farine à pâtisserie.

• D'autres types de <u>farines complètes</u> : sarrasin, maïs, etc.

• Des <u>grains complets</u> tels le riz, l'avoine et le sarrasin. Plus tard, vous pourrez expérimenter avec d'autres grains comme le quinoa, le seigle, l'épeautre.

• Des <u>pâtes de grains complets</u>, par exemple de blé entier ; il existe aussi des pâtes faites à partir d'autres produits céréaliers entiers comme le riz, le quinoa, le sarrasin, l'épeautre et le kamut. Toute une variété de pâtes s'offre à vous : spaghetti, fettucini, vermicelles, lasagne, macaroni, etc.

Aromates, épices et condiments :

• Des <u>aromates séchés</u> : persil, basilic, thym, origan, sarriette, pour ne nommer que les plus courants. En saison, vous pourrez, bien entendu, utiliser des herbes fraîches ; rappelez-vous cependant qu'il faudra alors doubler la quantité d'aromates requise dans la recette.

• Des <u>épices</u> comme la muscade, la cannelle, le gingembre, la cardamome, le paprika.

• De l'<u>ail</u> et des <u>oignons</u> frais.

• De la <u>sauce « tamari »</u> qui est la version naturiste de la sauce soya.

• Du « miso ». Le miso est une pâte fermentée élaborée à partir du soya ; il est originaire d'Asie. Disons que c'est un peu comme une base instantanée pour bouillon et qui sert aussi à relever plusieurs autres préparations culinaires. Pour un délicieux bouillon chaud, diluez une cuillerée à thé (ou plus selon le goût) de miso dans une tasse d'eau bouillante. Le miso est un aliment vivant et, par conséquent, il doit toujours être ajouté en fin de cuisson et non pas au début ; il se conserve à la température de la pièce ou au réfrigérateur.

• Du sel de mer (plutôt que du sel raffiné).

• Du poivre.

• Du cayenne.

Légumineuses :

• Différentes variétés de fèves sèches, de pois secs et de lentilles. Au début, je vous suggère les pois cassés verts et les lentilles qui ne nécessitent pas de trempage. Achetez-les en vrac, c'est très économique et délicieux (un peu plus loin, je vous donnerai la façon de faire cuire les légumineuses).

• Du tofu. Il s'agit d'un produit obtenu à partir du lait de soya qui lui-même est extrait d'une légumineuse très versatile : la fève de soya. Le tofu se conserve au réfrigérateur; si vous l'achetez en vrac, il doit être placé dans un récipient et recouvert d'eau que vous changerez chaque jour.

Graines et noix :

• Des graines : lin, citrouille, sésame, tournesol, etc. Au début, vous vous servirez surtout des graines de tournesol. Les graines devraient toujours être conservées au réfrigérateur pour éviter qu'elles ne rancissent.

• Des noix crues et non salées : de Grenoble, amandes, pacanes, etc.

• Des beurres de graines (beurre de sésame) ou des beurres de noix. Pour faire changement, remplacez votre beurre d'arachide par du beurre d'amande ou de noix de cajou (en passant, l'arachide n'est pas une noix mais une légumineuse).

Huiles :

• L'utilisation d'huiles de première pression à froid représente un avantage indiscutable pour la santé. Pour commencer, procurez-vous de l'huile d'olive pour vos salades et de l'huile d'arachide lorsque vous devez, occasionnellement, faire de la cuisson. Ces deux huiles sont riches en gras mono-insaturés, ce qui leur assure une grande stabilité à la température de la pièce; pas besoin de les réfrigérer si vous les utilisez régulièrement.

• Toutes les autres huiles de première pression à froid doivent être conservées au réfrigérateur. Si vous voulez expérimenter, essayez l'huile de carthame et de tournesol.

Édulcorants :

• Du miel cru non pasteurisé.

• Du sirop d'érable ou de riz.

• Des concentrés de fruits.

Laitages :

• Du lait de soya. Vous en retrouverez plusieurs variétés dont certaines aromatisées à différentes essences. Par contre, pour les recettes, mieux vaut utiliser le lait de soya « nature ».

• Des fromages maigres. Pour ceux qui ne tolèrent pas les produits laitiers de la vache, il existe des fromages de chèvre ainsi que du fromage de brebis (comme le véritable Romano qui est fait de lait de brebis). Vous retrouverez également tout un assortiment de « fromages » de soya ou de tofu.

Fruits et légumes :

• Inutile de vous vanter les vertus des fruits et des légumes frais.

• Lorsque les légumes se font rares, optez pour le <u>surgelé</u> plutôt que pour les conserves, et lisez bien les étiquettes pour vous assurer qu'elles ne contiennent pas d'additif.

• Certaines recettes de ce livre demandent des <u>fruits séchés</u> (abricots, raisins, dattes, figues, etc.) ; essayez alors de vous les procurer sans addition de sulfure. Quant aux fruits frais, rappelez-vous de toujours les acheter avec la queue ; ils se conserveront alors beaucoup plus longtemps.

Ainsi que...

• De la <u>levure alimentaire</u>, qui donnera une saveur délicieuse à vos soupes, vos plats végétariens et même vos salades. Je vous recommande la levure « Engevita » qui se conserve parfaitement bien à la température de la pièce.

• De l'<u>agar-agar</u>. Il s'agit d'une algue inodore, incolore et sans goût que l'on utilise à la place de la gélatine dans les desserts et les aspics. Je vous recommande l'agar-agar en flocons, c'est le plus facile à utiliser. Contrairement à la gélatine qui a besoin d'être réfrigérée pour prendre, l'agar-agar solidifiera votre préparation à la température de la pièce. On utilise habituellement une cuillerée à soupe de flocons d'agar-agar pour une tasse de liquide.

• Du <u>vinaigre de cidre de pomme</u> non filtré, cru et biologique, qui est infiniment moins acidifiant que les vinaigres du commerce.

• De la <u>poudre à pâte sans alun</u>.

• De la <u>caroube</u> qui remplace fort avantageusement le chocolat. Elle en a la saveur sans en présenter les inconvénients. Vous retrouverez de la caroube en poudre ainsi que des capuchons de caroube ; achetez toujours de la caroube non sucrée.

L'arrowroot :

• La farine d'arrowroot ou de « maranta » remplace avantageusement la fécule de maïs lorsqu'il s'agit d'épaissir un bouillon ou une sauce. Elle provient de diverses plantes tropicales, entre autres la maranta, et a l'apparence d'une fine poudre blanche.

• Elle n'a aucun goût et ne change pas la saveur des autres ingrédients de vos recettes.

• De toutes les fécules disponibles (pomme de terre, maïs) la fécule d'arrowroot est certes la plus digeste.

• Si possible, on doit utiliser l'arrowroot à la toute dernière minute, afin de maximiser ses facultés épaississantes. On peut s'en servir dans les potages, sauces, gâteaux, pains, mais on peut également en recouvrir les légumes, au lieu de la farine traditionnelle, avant de les faire frire, ce qui donne une panure très légère et croustillante.

• Un bon café de céréales, une tisane réconfortante ou tout simplement un verre d'eau de qualité... lorsque vous cuisinez.

☞

Vous trouvez peut-être cette liste un peu trop imposante, mais vous n'êtes pas obligé de tout acheter d'un coup. Allez-y ingrédient par ingrédient et prenez le temps de l'apprivoiser ou encore, n'achetez que ce que la recette demande.

Quand vous aurez l'occasion d'acheter des ingrédients « biologiques », faites-le : leur goût est bien meilleur tout comme leur valeur nutritive.

Votre épicier habituel a probablement plusieurs des produits précités : pour les autres, n'hésitez pas à aller faire un tour à votre magasin d'aliments naturels.

Tableau de cuisson
des produits céréaliers

Avant la cuisson, il faut rincer rapidement les céréales sous le robinet ; profitez-en aussi pour bien les trier et retirer les grains imparfaits et autres impuretés.

Bien qu'il existe plusieurs façons de cuire les céréales, je vous recommande de les partir à l'eau froide, de les porter à ébullition, de les couvrir et de poursuivre la cuisson à feu doux. Si vous désirez ajouter du sel ou des condiments, faites-le en fin de cuisson.

En cuisant, les céréales doubleront et même tripleront de volume.

Céréale (1 tasse)	Eau	Cuisson
Amarante	3 tasses	15 min.
Avoine en grains	4 tasses	2 heures
Avoine en flocons	2 tasses	30 min.
Blé en grains	3 $\frac{1}{2}$ tas.	2 heures
Blé concassé	3 tasses	1 heure
Blé en flocons	2 tasses	1 heure
Bulghur	2 $\frac{1}{2}$ tas.	30 min.
Épeautre	3 tasses	2 heures
Maïs concassé	4 tasses	25 min.
Millet	3 tasses	35 min.
Orge (faire tremper la veille)	3 tasses	1 $\frac{1}{2}$ h.
Quinoa	3 tasses	15 min.
Riz	2 tasses	45 min.
Sarrasin	2 tasses	15 min.
Seigle en flocons	2 tasses	1 heure

Les légumineuses

Plusieurs personnes n'osent pas s'aventurer du côté des légumineuses et, pourtant, elles sont à la fois savoureuses et excellentes pour la santé. Au lieu de les acheter en conserve, je vous propose ici une façon simple de les faire cuire ; c'est un peu plus de travail, mais le goût est tellement meilleur... sans compter que c'est beaucoup plus économique.

Introduisez-les graduellement dans votre alimentation et consommez-les en petite quantité au début. Habituellement, ceux qui se plaignent de flatulences ne mastiquent pas suffisamment leurs légumineuses ou les combinent à des ingrédients qui engendrent des fermentations. La sarriette et le laurier relèvent parfaitement le goût des légumineuses tout en diminuant fortement les flatulences.

Une étape importante dans la préparation des légumineuses est le trempage. Celui-ci raccourcit le temps de cuisson et facilite la digestion. Toutes les légumineuses, sauf les lentilles et les pois cassés, doivent être mises à tremper la veille.

☞ Notez que la plupart des légumineuses doubleront et même tripleront de volume après avoir été cuites. Préparez-en toujours un peu plus, vous en aurez ainsi sous la main pour d'autres préparations. Une fois cuites, elles se conserveront de 4 à 5 jours au réfrigérateur et 3 mois au congélateur.

Trempage

(pour toutes les légumineuses, sauf les lentilles et les pois cassés) :

La veille, rincez et triez les légumineuses. Il se peut que vous trouviez des petites roches ou des légumineuses flétries ou abîmées ; retirez-les. Ensuite, placez les légumineuses dans un bol en verre ou en plastique (mais surtout pas en métal) et couvrez-les très généreusement d'eau car elles vont gonfler ; la quantité d'eau devrait être de 3 à 4 fois supérieure à la quantité de légumineuses. Le trempage se fait à la température de la pièce ; il est inutile de le poursuivre au-delà de 8 à 10 heures, sinon les légumineuses commenceront à fermenter.

☞ <u>Jeter toujours l'eau de trempage des légumineuses.</u>

Les lentilles et les pois cassés :

Ce n'est pas la peine de faire tremper les lentilles et les pois cassés ; il suffit de les rincer à l'eau claire et de les trier soigneusement avant la cuisson.

Cuisson

de toutes les légumineuses, y compris les lentilles et les pois cassés :

Mettez les légumineuses dans une casserole, couvrez-les largement d'eau froide et portez-les à ébullition. Dès la première ébullition, <u>jetez l'eau</u>, puis rajoutez la quantité d'eau froide indiquée dans le tableau ; portez de nouveau à ébullition, couvrez, réduisez le feu et laissez cuire à feu doux. N'ajoutez jamais de sel quand vous cuisez les légumineuses, ceci aurait pour effet de les rendre coriaces. Ajoutez plutôt de la sarriette et du laurier qui parfumeront votre plat tout en le rendant plus facile à digérer.

21

Légumineuses (1 tasse)	Eau	Cuisson
Doliques (« black-eyed peas »)	3 tasses	1 heure
Fèves aduki (ou azuki)	3 tasses	1 $\frac{1}{2}$ h.
Fèves de Lima (et bébé Lima)	2 tasses	1 $\frac{1}{2}$ h.
Fèves blanches	3 tasses	2 $\frac{1}{2}$ h.
Fèves noires	4 tasses	1 $\frac{1}{2}$ h.
Fèves Pinto	3 tasses	2 $\frac{1}{2}$ h.
Fèves rouges ou rognons	3 tasses	1 $\frac{1}{2}$ h.
Gourganes	3 tasses	2 heures
Lentilles (sauf les orange)	3 tasses	45 min.
Lentilles orange	2 tasses	15 min.
Pois cassés (jaunes ou verts)	3 tasses	45 min.
Pois chiches	4 tasses	3 heures
Pois secs	3 $\frac{1}{2}$ t.	1 heure
Soya concassé	2 tasses	30 min.
Soya entier (tremper 24 heures)	4 tasses	3 h. et plus

Que faire avec les restes ?

Tant qu'à me donner la peine de faire cuire des légumineuses, j'en fais toujours un peu plus et je les utilise alors pour d'autres préparations :

● J'en ajoute dans mes soupes aux légumes pour les transformer en « soupes-repas ».

● Je les passe au mélangeur avec un peu d'oignon, de jus de citron et des aromates pour en faire une trempette ou une tartinade.

● Je les mélange à de la chapelure et des oignons hachés pour en faire des « burgers » ou des croquettes que je fais dorer au poêlon.

● Je les ajoute à des légumes cuits pour faire une espèce de pot-au-feu.

● Froides, elles sont délicieuses en salade.

Assaisonnements

• L'assaisonnement est ce qui fait la différence entre une recette ordinaire et un plat savoureux. Apprenez à connaître les épices et les aromates qui vous plaisent; vous pourrez transformer les recettes les plus anodines en délices qui régaleront votre petite famille.

• Lorsque vous doublez une recette, ne doublez pas les épices ou les aromates; ils donnent toujours beaucoup de saveur en cuisant et ce serait probablement trop. Au lieu de «doubler» les quantités d'épices ou d'aromates, mettez-en seulement une fois et demie, ce sera probablement suffisant.

• Si vous n'êtes pas sûr, mieux vaut en mettre moins que trop. Il y a toujours moyen de rectifier l'assaisonnement et d'en ajouter. Par contre, il est impossible d'en enlever.

• Les herbes séchées ont plus de saveur que les herbes fraîches. Ainsi, si une recette requiert un temps de cuisson court, les herbes séchées conviennent tout à fait. Par contre, les herbes fraîches révèlent toute leur saveur dans les plats qui cuisent longtemps.

• L'ail et les oignons doivent préférablement être ajoutés au début de la cuisson, ainsi ils parfumeront le mets. Par contre, les autres épices gagnent à être ajoutées à la dernière minute... Ou mieux, mettez-en la moitié en début de cuisson, et ajoutez le reste quelques minutes avant de retirer du feu. Vous aurez ainsi un arôme inégalable.

• En règle générale, on utilise entre $1/4$ et $1/2$ cuillerée à thé d'herbes séchées ou encore 1 cuillerée à soupe d'herbes fraîches pour quatre portions.

• Vous pouvez diminuer la quantité de sel dans vos plats en remplaçant celui-ci par « Mes herbes magiques » dont vous trouverez la recette dans ce livre. Vous pouvez aussi en remplir votre salière au lieu du sel ordinaire et la laisser sur la table.

● Le poivre ne convient pas à tout le monde; vous pouvez cependant le remplacer par du cayenne, à condition de couper la quantité de moitié ou même des deux tiers. Le cayenne a un goût plus prononcé. Dans vos recettes, n'en ajoutez qu'à la fin car, plus il cuit, plus il devient piquant.

Mes ingrédients santé

Ma liste de substituts alimentaires

À l'occasion, une petite tricherie ne fait pas de mal, surtout si elle vous fait plaisir...

Vous avez certainement plusieurs recettes que vous aimez bien mais que vous évitez de faire trop souvent parce qu'elles sont un peu trop riches, qu'elles contiennent un peu trop de cholestérol ou de calories, ou qu'elles ne conviennent pas tout à fait à votre organisme.

Certaines sont probablement délicieuses, il y a peut-être des recettes qui vous viennent de votre maman ou de votre grand-maman, et que vous avez délaissées ; c'est un peu dommage.

Mais j'ai pensé à vous. Je vous ai préparé une liste d'ingrédients qui peuvent remplacer ceux de vos recettes préférées et les rendre un peu plus « santé ». Ainsi, vous pourrez les savourer de temps à autre.

À l'occasion, une petite tricherie ne fait pas de mal, surtout si elle vous fait plaisir...

Au lieu de ☞	*Utilisez plutôt*
Produits laitiers	
– au lieu du **lait de vache régulier**	– du **lait de soya nature** en même quantité
	– du **lait d'amande** en même quantité (voir la recette plus loin)
– au lieu d'une tasse de babeurre	– une tasse de **lait de soya** nature mêlée à 2 c. à soupe de **jus de citron**
– au lieu de **fromage** régulier	– même quantité de **fromage de chèvre**
	– simili **fromage de soya** (magasin de produits naturels)

Sel	
– **Sel de table**	– **sel de mer** (même quantité) – **sauce « tamari »** (moins de sodium) – **assaisonnement aux herbes** avec peu ou pas de sodium, tel « herbamare » etc. (mag. de produits naturels)
Œufs	
– au lieu d'un **œuf** dans les recettes (comme agent émulsifiant)	– 1 c. à soupe de **lécithine** par œuf (en liquide pour la cuisson ; en granules pour les breuvages) – **substituts d'œuf** généralement en poudre (mag. de produits naturels) – $^1/_2$ **banane écrasée** pour les recettes de gâteaux, de muffins ou de desserts.
Sucre et succédanés	
– au lieu d'une tasse de **sucre raffiné**	– $^1/_2$ tasse de **miel cru non pasteurisé** (il faut alors réduire la quantité de liquide de votre recette de $^1/_4$ de tasse pour chaque $^1/_2$ tasse de miel utilisée) – $^3/_4$ tasse (ou moins) de « **sucanat** » (magasin de produits naturels) – $^1/_2$ tasse de **sirop de riz** – $^1/_3$ tasse de **purée de fruits** (voir recette plus loin)

Farine blanche

– au lieu d'une tasse de **farine blanche tout usage**	– pour le pain : une tasse de farine de blé entier – pour les muffins, gâteaux et desserts: une tasse moins 2 c. à soupe de **farine de blé entier à pâtisserie**.

Comment diminuer les quantités de gras dans vos recettes

- Il y a moyen de diminuer les quantités de gras dans vos recettes habituelles sans en changer le goût.

- La compote de pommes ou la purée de prunes remplacent avantageusement le gras, le beurre, la margarine ou le shortening dans vos recettes maison ou même dans les instructions pour les aliments semi-préparés.

- Vous trouverez des recettes de compotes de pommes sans sucre, comme la « Compote Rose d'Anne-Marie » ou encore la « Compote tutti-frutti » dans ce livre-ci. Vous pouvez aussi essayer les recettes qui suivent.

Compote de pommes Simplette

1- Peler 4 pommes, les couper en morceaux, enlever le cœur
2- Les faire mijoter dans 1½ tasse d'eau durant 25 minutes
3- Ajouter une pincée de cannelle ou de muscade
4- Passer au mélangeur

Compote de prunes Facilité

1- Prenez une tasse de prunes dénoyautées
2- Ajouter ¼ de tasse d'eau
3- Passer au mélangeur ou au robot jusqu'à l'obtention d'une purée lisse

☞ *Ces deux compotes vous permettent de faire vos recettes habituelles, même les recettes salées, sans en changer le goût. Par contre, elles contiennent bien moins de calories.*

Recette de purée de fruits
Pour sucrer sans sucre

Ce truc astucieux m'a été donné par <u>Madame Anita Gaulin</u>, de Saint-Augustin. Je l'ai utilisé souvent et avec beaucoup de succès.

1- Dans une tasse à mesurer, mettre $^2/_3$ tasse de dattes hachées ou d'abricots secs.

2- Remplir d'eau pour atteindre la mesure d'une tasse.

3- Faire mijoter 5 minutes à découvert dans un petit chaudron le mélange de fruits et d'eau.

4- Réduire le tout en purée au mélangeur ou au robot.

Dans les recettes, remplacer 1 tasse de sucre par 1/3 de tasse de purée de dattes ou d'abricots.

☞ *La purée se conserve assez longtemps au réfrigérateur. Si le cœur vous en dit, vous pouvez aussi confectionner cette recette avec d'autres fruits séchés.*

Mon lait d'amande

Pour remplacer le lait dans vos recettes... ou dans votre verre !

Ingrédients :

¼ tasse	d'amandes pelées ou non (si vous les prenez pelées, vous obtiendrez un lait plus blanc)
2 tasses	d'eau de bonne qualité (filtrée ou autre)
1 c. à soupe	d'huile de tournesol, de carthame ou d'arachide (première pression à froid)
1 c. thé	de vanille

Préparation :

Mettre tous les ingrédients au mélangeur et liquéfier. Le tour est joué !

Conserver au réfrigérateur.

☞ *Cette recette facile est toujours très populaire ; elle vous donne une boisson très savoureuse qui peut remplacer le lait comme breuvage ou dans vos recettes favorites.*

Table d'équivalences

Mesures impériales	Mesures décimales
1 c. à thé	5 millilitres
1 c. à soupe	15 millilitres
½ tasse	125 millilitres
1 tasse	250 millilitres
4 tasses	1 litre
1 livre	455 grammes

Pour le tofu

Lorsqu'une recette en requiert environ 10 onces et 1/2 (290 grammes), calculez une tasse.

Pour 450 grammes, calculez 1 tasse et 3/4.

Soupes

et

potages

réconfortants

Mon bouillon de légumes

Ce bouillon fait une base délicieuse pour les soupes, les ragoûts et les sauces. Filtré, il peut remplacer avantageusement un bouillon de poulet.

Ingrédients :   Pour 8 tasses

4	grosses carottes, pelées et tranchées
1	gros oignon, pelé et tranché mince
4	grosses branches de céleri avec les feuilles, hachées
4	gousses d'ail, écrasées
2	pommes de terre moyennes, pelées et coupées en quatre
1	feuille de laurier
2	c. thé d'origan
2	c. thé de basilic
2	c. thé de persil
sel de mer et poivre moulu au goût	
8	tasses d'eau
1	c. thé d'huile d'arachide (première pression à froid)

Préparation :

Dans un grand poêlon ou un gros « wok », faire brunir légèrement l'oignon dans l'huile d'arachide. Ajouter les autres ingrédients sauf l'eau et cuire de 4 à 5 minutes. Ajouter l'eau, amener à ébullition puis couvrir et baisser le feu. Laisser mijoter une heure.

Enlever la feuille de laurier. Disposer un coton à fromage dans une passoire, mettre celle-ci au-dessus d'une marmite et filtrer le bouillon. On peut alors enlever les légumes, ou en faire une purée au mélangeur et l'ajouter au bouillon pour l'épaissir.

Servir immédiatement ou réfrigérer. Ce bouillon se garde environ 3 jours au réfrigérateur ou jusqu'à 3 mois au congélateur.

☞ *Filtré, ce bouillon savoureux ne contient que 30 calories par tasse, à peu près pas de gras et pas de cholestérol.*

Bouillon de légumes (no 2)

Voici une autre version de cette recette très versatile qui peut servir de base à toutes sortes de recettes, soupes, potages, etc.

Ingrédients :   Pour 6 tasses

4 tasses	d'oignons pelés et coupés en dés
2 tasses	de carottes coupées en petits dés
1 tasse	de céleri coupé en petits morceaux
1	poireau coupé en morceaux
1/4 tasse	de persil frais (ou de feuilles de carottes) haché
6 tasses	d'eau froide
Sel de mer, poivre et assaisonnements au goût	

Préparation :

Mettre tous les légumes dans une grande marmite et y verser l'eau froide.

Amener à ébullition, puis baisser le feu et laisser mijoter de 30 à 40 minutes.

Tamiser à l'égouttoir ou filtrer avec du coton à fromage et mettre les légumes de côté (ils peuvent servir pour une autre recette).

Assaisonner à votre goût et servir immédiatement ou laisser refroidir avant de réfrigérer.

☞ *Ce bouillon se conserve quelques jours au réfrigérateur ; on peut aussi le congeler.*

En passant, il ne contient que 26 calories par tasse et pas du tout de cholestérol.

Bouillon doré et son petit frère

Voici un délicieux bouillon ; avec sa belle couleur appétissante, il peut remplacer votre bouillon de poulet traditionnel. La deuxième version remplace la fameuse soupe « poulet et nouilles » sans sel, sans cholestérol et pratiquement sans calorie... Mais avec tout plein de vitamines !

Recette de base :   **Pour 8 tasses**

Ingrédients :

1	oignon haché
1	gousse d'ail entière
¹/₂ tasse	de pois cassés jaunes
1 c. à soupe	d'huile d'arachide (première pression à froid)
¹/₂ c. thé	de curcuma
8 tasses	d'eau chaude
1	carotte tranchée en rondelles

Préparation :

- Faire revenir l'oignon, l'ail et les pois cassés dans l'huile jusqu'à ce que ça commence à brunir.
- Ajouter alors le curcuma, les carottes et l'eau. Amener à ébullition et laisser mijoter ³/₄ d'heure.
- Pour un *bouillon*, filtrer ; pour un *potage plus épais*, passer au mélangeur ou au robot.

Bouillon doré et nouilles   **Pour 10 tasses**

Aussi bon que la soupe « poulet et nouilles » si connue !

Ingrédients :

8 tasses	de bouillon doré fait comme ci-dessus
une	grosse poignée de nouilles ou de vermicelles de blé entier
1 ¹/₂ tasse	de céleri coupé en petits morceaux
1 ¹/₂ tasse	de carottes coupées en petits morceaux
¹/₂ c. thé	de persil finement haché
une pincée de	poivre et de sel de mer

Préparation :

- Dans une grosse marmite, mettre le bouillon doré, les nouilles et les légumes.
- Amener à ébullition, puis laisser mijoter 30 minutes, jusqu'à ce que les légumes soient cuits. Ajouter alors le persil, le sel, le poivre et servir chaud.

☞ *Le* **curcuma** *est un cousin du gigembre, mais son goût se rapproche plus de celui de la muscade. Il a la propriété de colorer (naturellement) en jaune, d'où la magnifique couleur de ce bouillon doré.*

Le **curcuma** *est riche en fer et en potassium ; c'est un ami du foie, de l'appareil digestif, un antispasmodique et un anti-inflammatoire. Essayez-le avec le riz, le poulet et dans vos salades.*

Potage « Rougemont » aux pommes

Ça peut vous surprendre, une soupe aux pommes, mais essayez-la et je vous garantis que ce qui vous surprendra le plus, c'est son petit goût fin et parfumé.

Ingrédients :   **Pour 4 portions**

1 c. à soupe	d'huile d'olive (première pression à froid)
4 tasses	de poireaux coupés en rondelles (ou moitié poireaux, moitié oignons)
2	pommes de terre coupées en dés
2	branches de céleri coupées en dés
3	pommes pelées et épépinées, coupées en dés
$1/4$ c. thé	de poivre blanc
$1/2$ c. thé	de muscade
$1/4$ c. thé	de cannelle (ou moins)
1 c. à soupe	de persil séché
	sel de mer au goût
6 tasses	d'eau

Péparation:

Dans une grande casserole, faire suer dans l'huile d'olive les rondelles de poireaux (ou d'oignons et de poireaux), puis ajouter les dés de pommes de terre, de céleri et de pommes. Remuer 2 ou 3 minutes, puis ajouter les autres ingrédients et l'eau.

Porter à ébullition, ensuite couvrir, réduire le feu et laisser mijoter environ 20 minutes.

Verser dans le mélangeur et liquéfier, vérifier l'assaisonnement et servir.

☞ *Ce potage est un de mes préférés. À l'automne, pendant la saison des pommes, c'est un vrai régal.*

Soupe « Légum-éclair »

Une soupe au poulet ou au bœuf, c'est bon, mais avant un repas de viande, c'est trop. Essayez donc cette soupe aux légumes. Vous m'en donnerez des nouvelles !

Ingrédients :   **Pour 6 portions**

4 tasses	de légumes variés coupés en dés
2 c. à soupe	d'huile d'arachide ou d'olive (première pression à froid)
6 tasses	d'eau froide
1 c. à soupe	de sauce « tamari »
persil frais haché au goût	
une pincée de poivre ou de cayenne	

Préparation :

Couper les légumes en dés et les faire revenir dans l'huile à feu moyen de 5 à 7 minutes ; ils doivent être encore bien croquants.

Ajouter l'eau et amener à ébullition ; faire mijoter 20 minutes de plus. Juste avant de servir, ajouter le persil frais, le poivre ou le cayenne et la sauce « tamari ».

2 Variantes

Pour une soupe plus consistante :

Ajouter une tasse de riz cuit (du riz complet de préférence), ou encore au moment de servir, des croûtons de blé entier.

Pour une soupe-repas :

Ajouter aussi un reste de légumineuses ou des cubes de tofu.

☞ *Avec du riz ou des croûtons de pain, vous avez vos produits céréaliers ; le tofu ou les légumineuses vous donnent votre ration de protéines. Vous obtenez ainsi un repas complet, équilibré et facile à manger... dans votre bol à soupe ! Idéal lorsqu'on est à la course.*

Potage aux « poireaux-patates »

Cette version de la célèbre soupe vichyssoise peut se servir chaude ou froide, selon vos préférences. En passant, elle ne contient que 285 calories par portion, et pas du tout de cholestérol.

Ingrédients :   Pour 4 portions

1	oignon moyen haché finement
2 c. thé	d'huile d'arachide (première pression à froid)
2 tasses	de pommes de terre (ordinaires ou rouges) pelées et coupées en morceaux
1 tasse	de poireaux en tranches (la partie blanche seulement)
4 tasses	de bouillon de légumes ou d'eau
1 c. thé	de sel de mer
1/4 c. thé	de poivre frais moulu
2 c. à soupe	de ciboulette fraîche hachée
1/4 tasse	de persil frais haché

Préparation :

Assembler l'oignon, l'huile d'arachide, les pommes de terre, les poireaux et le bouillon de légumes (ou l'eau) dans une marmite, amener à ébullition et laisser mijoter 30 minutes.

Laisser refroidir un peu, puis passer au mélangeur ou au robot, pour obtenir une belle purée. Assaisonner de sel, de poivre, ajouter le persil et la ciboulette.

Se sert chaud ou froid.

☞ *La « vichyssoise » est une soupe qui se consomme froide et qui nous provient de la ville de Vichy en France, d'où son nom. En passant, cette ville était une station thermale réputée, entre autres pour les maladies du foie et de l'appareil digestif. Lors de ces cures, beaucoup optaient pour faire « maigre »... c'est ainsi qu'est née la célèbre « vichyssoise ».*

La crème de carottes de Lise

Ingrédients :   **Pour 6 portions**

1 c. à soupe	d'huile d'arachide (première pression à froid)
1	petit oignon coupé en dés
4 c. à soupe	de riz brun complet
5 tasses	d'eau
6 belles	carottes lavées et brossées mais non pelées
2 c. à soupe	de persil
sel de mer (ou « herbamare ») et poivre au goût	

Préparation :

Dans une grande casserole, faire revenir le petit oignon en dés dans l'huile d'arachide, jusqu'à ce qu'il devienne transparent, mais pas brun.

Ajouter les 4 ou 5 cuillerées à soupe de riz brun complet, et les 5 tasses d'eau, et cuire à couvert 25 minutes.

Découper les carottes non pelées (mais lavées et brossées) en rondelles et les ajouter, ainsi que le persil, au bouillon. Cuire 20 minutes de plus.

Passer au mélangeur, saler, poivrer. Servir chaud.

☞ *L'été, durant les grandes chaleurs, cette recette fait une soupe froide exquise.*

Source : *Mon amie d'enfance Lise Charest*

Soupe Minestrone

Soupe traditionnelle italienne, nourrissante et souvent servie comme soupe-repas. Parfaite pour les soirées froides ou à la campagne.

Ingrédients :   Pour 2 à 4 portions

4	petites branches de céleri, hachées
2	carottes hachées
1	gros oignon haché
3	grosses tomates (préférablement sans peau) hachées
1 tasse	de macaroni de blé entier, cuits et égouttés
1 ½ tasse	de bouillon de légumes ou d'eau
2 c. à soupe	de persil frais
sel et poivre	au goût
fromage Romano râpé (ou « soyco » râpé) au goût	
1	tranche de pain de blé entier ou de pain italien par personne
facultatif :	*1 tasse de légumineuses cuites*

Préparation :

Amener l'eau ou le bouillon de légumes à ébullition. Hacher les légumes en morceaux de grosseur moyenne et les ajouter au bouillon ou à l'eau.

Couvrir et laisser mijoter à feu doux de 30 à 40 minutes, jusqu'à ce que les légumes soient tendres.

Ajouter le sel, le poivre, le persil frais et le macaroni. Laisser mijoter 5 minutes de plus. Griller les tranches de pain pendant ce temps.

Disposer les tranches de pain grillées au fond de grands bols à soupe, verser la minestrone par-dessus à l'aide d'une louche, puis saupoudrer de Romano râpé et servir immédiatement.

☞ *Si on a un reste de légumineuses cuites (fèves, pois chiches, lentilles ou autres), en ajouter une tasse en même temps que le macaroni ; votre soupe devient alors un repas complet.*

Gaspacho

Soupe froide rafraîchissante

Ingrédients :   **Pour 4 portions**

1	concombre anglais pelé et coupé en cubes
1	petit oignon coupé en dés
1	poivron vert, épépiné et coupé en dés
1 ou 2	gousses d'ail émincées
2 ¹/₂ tasses	de jus de légumes *(lisez bien l'étiquette, beaucoup contiennent du vinaigre, du sucre ou d'autres produits indésirables)*
le jus	de ¹/₂ citron
¹/₄ tasse	d'huile d'olive (première pression à froid)
1 goutte	de tabasco (ou une pincée de cayenne)
sel de mer au goût	

Préparation :

Mettre tous les ingrédients (sauf l'huile d'olive) dans le mélangeur ou le robot culinaire. Liquéfier mais pas trop : le mélange doit conserver une texture légèrement granuleuse.

Ajouter l'huile d'olive en filet et servir froid.

☞ *Le « gaspacho » est une soupe traditionnelle qui nous vient d'Espagne. Elle se mange froide. Essayez-la durant les journées chaudes d'été ou pour un pique-nique ; c'est un succès assuré.*

Mon potage Saint-Germain

Cette recette est ma version santé du célèbre potage français qui a été mis à la mode dans le quartier de Saint-Germain-des-Prés... et qui, malgré son nom élégant, ressemble beaucoup à la bonne soupe aux pois de chez nous !

Ingrédients :   **Pour 4 personnes**

1 tasse	de pois cassés verts
2 c. à soupe	d'huile d'olive (première pression à froid)
1	oignon moyen émincé
1	poireau émincé (on peut le remplacer par un autre oignon)
1	petite carotte coupée en dés
4 tasse	d'eau
1 c. à soupe	de sauce « tamari »
1	feuille de laurier
sel de mer et poivre au goût	

Préparation :

Laver et égoutter les pois cassés verts.

Dans l'huile d'olive, faire « suer » l'oignon et le poireau (ou les 2 oignons) ; ajouter les pois cassés verts, la carotte, la sauce « tamari », la feuille de laurier, le sel et le poivre.

Amener à ébullition et couvrir.

Laisser mijoter une heure, retirer la feuille de laurier puis passer au mélangeur et servir bien chaud.

☞ *Cette recette est très économique : elle ne revient qu'à 25 sous par personne, mais elle est pleine de santé.*

L'hiver, en rentrant chez soi, que c'est réconfortant d'avoir un bon bol de soupe chaude qui nous attend !

Soupe aux lentilles « petit budget »

Cette recette de base de la cuisine végétarienne est facile et rapide à préparer, bien nourrissante et, ce qui n'est pas à négliger, super-économique.

Ingrédients :   Pour 4 portions

½ tasse	de lentilles sèches (inutile de les faire tremper)
4 ½ tasses	d'eau ou de bouillon de légumes
1	belle carotte
1	oignon de grosseur moyenne
1	poivron vert
3	gousses d'ail
1	branche de céleri
2	feuilles de laurier
½ c. thé	de sarriette
3 c. à soupe	de sauce « tamari »
2 c. à soupe	d'huile d'olive (première pression à froid)

Préparation :

Rincer les lentilles à l'eau claire et vérifier qu'il n'y ait pas de corps étranger (comme cela arrive parfois). Bien les égoutter et les mettre, ainsi que le bouillon ou l'eau, dans une grande marmite. Couvrir, porter à ébullition, puis réduire le feu pour laisser mijoter doucement 20 minutes.

Pendant ce temps, découper les légumes en petits morceaux ou en dés et presser l'ail. Ajouter les légumes, l'ail, la sarriette et les feuilles de laurier au bouillon et laisser mijoter 35 minutes.

À ce point, ajouter l'huile d'olive, la sauce « tamari » et servir bien chaud.

☞ *Accompagnée d'une tranche de pain de maison de blé entier ou de croûtons et d'une belle salade, cette soupe vous fait un excellent repas. Lorsque le temps est frisquet, que c'est bon...*

Soupe-repas
« pois cassés et légumes »

Une soupe-repas réconfortante et facile à préparer...

Ingrédients :   **Pour 6 portions**

8 tasses	d'eau
2 tasses	de pois cassés jaunes secs (non cuits)
1 c. à soupe	d'huile d'arachide (première pression à froid)
4 grosses	gousses d'ail émincées
2	oignons hachés grossièrement
1	carotte tranchée
$^3/_4$ tasse	de céleri tranché
1 c. thé	de sarriette
1	pomme de terre pelée et coupée en dés
1	navet ou 1 rutabaga coupé en morceaux
1 c. thé	de sel de mer
1 pincée	de poivre ou de cayenne (facultatif)
$^1/_4$ tasse	de persil frais haché

Préparation :

Dans une grande marmite, amener l'eau à ébullition, puis ajouter les pois cassés. Réduire le feu, couvrir partiellement (la vapeur doit pouvoir s'échapper) et laisser mijoter. Les pois doivent cuire jusqu'à ce qu'ils soient tendres, environ une heure. Remuer régulièrement.

Pendant ce temps, faire revenir dans un poêlon à feu moyen, l'huile, les oignons, les carottes, le céleri et la sarriette, jusqu'à ce qu'ils deviennent tendres mais encore croquants.

Ajoutez ces légumes ainsi que la pomme de terre, le rutabaga (ou le navet) et l'ail dans la casserole avec les pois ; assaisonner de sel, de poivre et de persil frais, couvrir partiellement et laisser mijoter jusqu'à ce que tous les légumes soient cuits et les pois délayés, environ 30 minutes, en remuant de temps à autre.

☞ *Cette soupe consistante peut faire un repas complet et équilibré ; il suffit d'y ajouter une bonne tranche de pain complet et quelques crudités, et le tour est joué.*

Soupe-repas Polichinelle

Ceci est ma version santé des fameux chowders de nos voisins du sud ; les chowders sont des soupes consistantes, épaisses et très réconfortantes.

Ingrédients :   **Pour 4 à 6 portions**

1 c. à soupe	d'huile d'olive (première pression à froid)
1	oignon haché finement
3	carottes en dés
3	branches de céleri
1	courgette (zucchini) en dés
1	pomme de terre en dés
1/2	poivron rouge ou vert en dés
1	feuille de laurier
3 tasses	de liquide (eau ou bouillon de légumes)
1/2 tasse	de millet (ou d'une autre céréale)
1 c. thé	de basilic séché
1/4 c. thé	de thym séché
sel de mer et poivre au goût	
1 tasse	d'épinards frais déchiquetés
1 tasse	de lait de soya (facultatif)

Préparation :

Préparer le millet en le faisant cuire dans 1 1/2 tasse d'eau à feu moyen 35 minutes. Cela vous donnera environ 1 1/2 tasse de millet cuit.

Dans une grosse casserole, faire revenir l'oignon haché dans l'huile d'olive jusqu'à ce qu'il devienne transparent. Ajouter alors vos 3 tasses d'eau ou de bouillon, la carotte, le céleri, la courgette, la pomme de terre, le poivron, la feuille de laurier, le basilic et le thym. Couvrir et faire cuire à feu moyen 25 minutes, en remuant de temps à autre.

Ajouter le millet cuit (vous pouvez aussi utiliser une autre céréale) et les épinards frais. Couvrir et cuire 5 minutes. Ajouter le lait de soya (si on le désire), le sel, le poivre et réchauffer sans laisser bouillir. Servir bien chaud.

☞ *Voici un plat succulent qui vous donne 6 légumes, une céréale, des protéines, bref, un repas équilibré... tout ça dans un bol !*

Crème de zucchini « éclair »

Aucun cholestérol, mais une délicieuse façon d'entamer le repas.

Ingrédients :   **Pour 8 à 10 portions**

1 c. à soupe	d'huile d'olive de première pression à froid
1	petit oignon haché
4	zucchinis (ou 3 s'ils sont très gros) coupés en dés
6	tasses d'eau
½ tasse	de flocons d'avoine
½ c. thé	de sel de mer
1 pincée	de muscade
1 pincée	de poivre

Préparation :

1- Au poêlon, faire suer l'oignon dans l'huile d'olive à feu moyen. Ajouter les dés de zucchinis (courgettes) et faire sauter de 2 à 3 minutes.

2- Ajouter l'eau, les flocons d'avoine, le sel de mer, la muscade et le poivre. Amener à ébullition et faire cuire à feu doux 15 minutes, en remuant très fréquemment.

3- Réduire en purée au mélangeur. Après, si on le désire, on peut passer au tamis. Garnir de persil frais.

☞   *Cette soupe délicieuse se sert chaude ou froide.*

Crème printanière

Ce potage d'un très beau vert fera sensation!

Ingrédients :   Pour 6 portions

1 c. à soupe	d'huile d'olive première pression à froid
3 tasses	de petits pois frais ou congelés
1	pomme de terre pelée et coupée en gros dés
2 tasses	d'épinards frais (ou une petite laitue Boston)
6 tasses	d'eau ou de bouillon de légumes
1	pincée de muscade
	sel et poivre au goût
	feuilles de basilic, de menthe ou de persil pour décorer

Préparation :

1- Dans une grande casserole, mettre l'huile, les pois, la pomme de terre et les épinards (ou la laitue Boston); faire cuire à feu moyen-doux 5 minutes.

2- Ajouter l'eau (ou le bouillon), porter à ébullition. Réduire le feu, couvrir et laisser mijoter jusqu'à ce que les légumes soient tendres, environ 20 minutes.

3- Au robot ou au mélangeur, réduire le mélange en purée crémeuse. Saler, poivrer. Au moment de servir, décorer avec les feuilles de basilic, de menthe ou avec du persil.

☞ *Utiliser des épinards frais ; les épinards en sac donneraient un goût amer à votre potage. Si vous n'en trouvez pas, une belle laitue Boston fera l'affaire.*

La soupe d'hiver Tom Pouce

Cette soupe savoureuse à base de tomates et de lentilles regorge de protéines et de bons légumes.

Ingrédients :   **Pour 6 portions**

1 c. à soupe	d'huile d'olive de première pression à froid
2	oignons moyens hachés
2	carottes coupées en dés
1	branche de céleri coupée en dés
1	gousse d'ail émincée
1	boîte (28 onces) de tomates avec leur jus
$1/2$ tasse	de lentilles brunes
3 tasses	d'eau ou de bouillon
$1/2$ c. thé	de sarriette séchée
$1/2$ c. thé	de basilic séché
$1/4$ c. thé	d'origan séché

Préparation :

1- Faire suer 5 minutes les oignons, les carottes et le céleri dans l'huile d'olive. Ajouter l'ail et cuire une minute de plus.

2- Couper grossièrement les tomates, ou les écraser avec les doigts, et les ajouter avec leur jus aux légumes. Ajouter ensuite les lentilles, l'eau (ou le bouillon) et les aromates. Porter à ébullition, couvrir, réduire le feu et laisser mijoter 40 minutes.

☞ *Servir avec des croûtons ou un beau morceau de pain complet. Si vous avez un reste de riz cuit, vous pouvez l'ajouter à la recette.*

Potage de l'été indien

Cette soupe délicieuse et nutritive est composée à partir de produits que l'on peut récolter dès la fin de l'été.

Ingrédients :   **Pour 8 portions**

2 c. à soupe	d'huile d'arachide de première pression à froid
³/₄ tasse	d'oignons blancs coupés en dés
2¹/₂ tasses	de tomates coupées en dés
1 tasse	de maïs en grains
1¹/₂ tasse	de courge coupée en dés
³/₄ c. thé	de sel de mer
¹/₂ c. thé	de muscade
3 tasses	d'eau
1 c. à soupe	de « miso » (facultatif)
1 c. à soupe	de persil frais pour décorer

Préparation :

1- Faire revenir l'oignon dans l'huile à feu moyen jusqu'à ce qu'il commence à devenir transparent, environ 5 minutes.

2- Ajouter les tomates, la courge, le maïs, le sel, la muscade, le miso, l'ail et l'eau. Couvrir, porter à ébullition, réduire le feu et laisser mijoter 45 minutes.

3- Au moment de servir, décorer avec le persil.

☞ *Le miso est d'origine asiatique. C'est une pâte fermentée faite à partir de fèves de soja ; son goût rappelle le bouillon de bœuf, mais en plus délicat. C'est la base de plusieurs plats, entre autres la fameuse soupe Miso offerte dans les restaurants japonais. Vous en trouverez dans votre magasin d'aliments naturels.*

Potage énergie au chou-fleur

Une délicieuse soupe-repas vraiment réconfortante.

Ingrédients :   **Pour 8 à 10 portions**

1 c. à soupe	d'huile d'arachide de première pression à froid
1	petit chou-fleur en morceaux
1	oignon émincé
3	pommes de terre moyennes pelées et coupées en dés
4 tasses	d'eau (ou de bouillon)
1 tasse	de tofu émietté
	sel de mer, poivre, cayenne au goût
Pour la présentation	
2 c. à soupe	de persil haché frais

Préparation :

1- Faire revenir 5 minutes à feu moyen-doux le chou-fleur, l'oignon et les pommes de terre dans l'huile d'arachide.

2- Ajouter l'eau ou le bouillon et porter à ébullition, couvrir, réduire le feu et laisser mijoter à feu bas 20 minutes.

3- Laisser refroidir pour ne pas se brûler, mettre au mélangeur et ajouter le tofu. Liquéfier.

4- Remettre dans la casserole et réchauffer. Ajouter, au goût, le sel, le poivre et le cayenne. Au moment de servir, garnir de persil frais.

☞ *Ce portage se sert chaud ou froid (durant la belle saison) ; il suffit de l'accompagner d'une belle salade et de diverses crudités.*

Soupe aux champignons-mignons

Grâce au tofu mou, on peut faire des potages et des recettes très crémeuses, très onctueuses, sans utiliser ni gras, ni produits laitiers.

Ingrédients :   Pour 4 portions

1 c. à soupe	d'huile d'olive de première pression à froid
1	oignon jaune moyen coupé en dés
2	gousses d'ail écrasées
2 c. thé	d'« Herbes magiques » d'Anne-Marie (voir recette plus loin) ou de sel assaisonné (Herbamare ou autre)
1 c. thé	de basilic séché
$1/4$ c. thé	de poivre moulu
6 tasses	de champignons tranchés
4 tasses	d'eau, de bouillon léger ou de bouillon de légumes
10 onces	(1 paquet) de tofu « silken »

Pour la présentation :

2 c. thé	de paprika
2 c. à soupe	de persil frais haché

Préparation :

1- Dans une grande casserole, verser l'huile ; faire sauter à feu moyen les oignons, les champignons, l'ail, le sel, le poivre et les aromates.

2- Lorsque les oignons deviennent transparents, ajouter l'eau (ou le bouillon), réduire le feu et laisser mijoter environ 14 minutes, jusqu'à ce que les champignons soient cuits.

3- Transvider dans le mélangeur, ajouter le tofu et liqué-fier jusqu'à ce que la texture soit lisse et crémeuse.

4- Remettre dans la casserole et laisser mijoter à feu doux 5 minutes. Servir chaud et décorer chaque bol avec une pincée de paprika et une petite branche de persil frais.

☞ *Autrefois, on disait que les champignons étaient la nourriture des dieux, qu'ils apportaient force et santé. En fait, 100 grammes de champignons contiennent 3 grammes de protéines et, contrairement à ce qu'on croit, très peu de matières grasses. C'est un aliment riche en fer, en cuivre, en sélénium et en potassium.*

On ne pèle pas les champignons, mais on les nettoie soigneusement juste au moment de les utiliser.

Soupe froide au concombre

Un plat repas d'été délicieusement rafraîchissant.

Ingrédients :   **Pour 8 portions**

1 c. à soupe	d'huile de carthame de première pression à froid
1	oignon haché
1	concombre anglais (ou 2 concombres ordinaires) pelés et coupés en dés
2¹/₂ tasses	d'eau
1 c. à soupe	de sauce Tamari
1 c. thé	d'aneth en poudre (facultatif)
1 tasse	de tofu mou Norinu
1 c. à soupe	de ciboulette fraîche hâchée sel, poivre au goût

Préparation :

1- Dans une casserole, faire légèrement suer l'oignon dans l'huile de carthame.

2- Ajouter les morceaux de concombre et l'eau. Amener à ébullition, réduire le feu et laisser mijoter à feu doux une quinzaine de minutes.

3- Mettre au mélangeur, ajouter la sauce Tamari, l'aneth ainsi que le tofu mou et liquéfier.

4- Ajouter ensuite le sel et le poivre et réfrigérer. Au moment de servir, garnir de ciboulette fraîche hachée.

☞ *Pour un repas complet et bien équilibré, servez ce potage froid avec une salade composée et un produit céréalier, comme du pain complet, une salade de pâtes ou une salade de riz.*

Soupe magenta aux betteraves

Cette soupe est si belle et si colorée que vos invités seront épatés dès qu'elle sera servie... Mais attendez qu'ils y goûtent. En passant, elle est absolument exempte de matière grasse et de cholestérol.

Ingrédients : **Pour 4 portions**

4	grosses betteraves avec les tiges, pelées, lavées et coupées en dés
4	grosses pommes de terre lavées, pelées et coupées en dés
1	oignon moyen émincé
1 c. thé	d'estragon
	sel de mer, poivre au goût

Préparation :

1- Mettre tous les ingrédients dans une grande casserole, couvrir d'eau et cuire à feu moyen de 15 à 20 minutes, jusqu'à ce que les légumes soient tendres.

2- Passer au mélangeur, mais pas trop longtemps afin de garder de petits morceaux, ce qui rend la texture plus intéressante.

3- Servir chaud ou froid.

☞ *Pour la présentation, on peut ajouter une cuillerée à thé de yogourt de vache ou de chèvre dans chaque bol.*
Si les betteraves sont jeunes ou si vous avez des pommes de terre nouvelles, il n'est pas nécessaire de les peler, mais il faut bien les laver.

Soupe Graminette à l'orge

L'orge mondé n'a perdu que son écorce. L'orge perlé pour sa part a été poli 6 fois et a perdu énormément de valeur nutritive.

Ingrédients :   **Pour 8 portions**

½ tasse	d'orge mondé
1 c. à soupe	d'huile d'olive de première pression à froid
½ tasse	de céleri en dés
1 tasse	de carottes en dés
1	oignon haché
1	gousse d'ail émincée
7½ tasses	d'eau
	sel de mer, poivre et cayenne au goût
⅓ tasse	de persil frais haché
Facultatif	
1 tasse	de tofu en cubes ou de poulet en dés

Préparation :

1- Placer l'orge mondé dans un bol, recouvrir complètement d'eau bouillante, couvrir et laisser reposer une heure.

2- Dans une grande casserole, faire suer 5 minutes dans l'huile d'olive les dés de céleri, de carotte et l'oignon haché. Ajouter l'ail et cuire une minute de plus.

3- Ajouter l'orge égouttée, 7½ tasses d'eau, le sel, le poivre ou le cayenne. Couvrir et cuire à feu moyen 50 minutes. Si on veut faire une soupe-repas, on ajoute à ce moment le poulet ou le tofu.

4- Au moment de servir, ajouter le persil frais haché.

☞ *Pourquoi ne pas préparer cette soupe à l'avance, cela vous fera un repas-éclair réconfortant!*

Soupe provençale au fenouil

En Provence, on raffole du fenouil. Voici une recette idéale pour découvrir ce légume si savoureux. En passant, cette soupe se sert chaude mais aussi froide, l'été.

Ingrédients :   **Pour 8 portions**

2 c. à soupe	d'huile d'olive de première pression à froid
2	bulbes de fenouil finement émincés
1	oignon émincé
$4\frac{1}{2}$ tasses	de liquide (bouillon ou eau)
1	feuille de laurier
1 c. à soupe	de cerfeuil ou de persil séché
1 boîte	de tofu mou Norinu
	sel et poivre, au goût

Préparation :

1- Faire suer le fenouil et l'oignon émincé dans l'huile environ 8 minutes en remuant 2 ou 3 fois.

2- Ajouter le bouillon (ou l'eau) et la feuille de laurier, couvrir et laisser mijoter 12 minutes.

3- Retirer le laurier, ajouter le cerfeuil ou le persil et le tofu mou, et passer le tout au mélangeur. Saler et poivrer au goût.

☞ *Voici ma version santé d'un potage créé par la mère de mon amie d'enfance, Lise Charest.*

Le tofu

à

tout faire

Le tofu

Plusieurs font la grimace lorsqu'ils entendent le mot « tofu » et pourtant il s'agit d'un aliment à la fois versatile et excellent pour la santé. Il ne contient pas de cholestérol et peut avantageusement remplacer la viande dans de nombreuses recettes. Une étude réalisée par le docteur Ken Carol, de l'Université d'Ontario, conclut que le tofu contient une substance capable de bloquer l'apparition de tumeurs. De nos jours, tous les spécialistes de la diététique et de la santé s'entendent pour dire que nous devons diminuer notre consommation de produits animaux ; le tofu (et les autres légumineuses) nous fournit une alternative de premier choix.

Ce qu'on reproche au tofu, c'est qu'il ne goûte absolument rien ; pourtant, dans le fond, c'est de là que provient sa grande versatilité car, comme une éponge, il absorbe toutes les saveurs de la préparation dans laquelle il marine ou cuit.

Il existe deux grandes variétés de tofu : le **mou** (ou « silken ») et le **ferme** (on en retrouve même de l'extra-ferme). Si le paquet que vous achetez ne porte pas de mention spécifique, il s'agit habituellement de tofu ferme. Le tofu peut être « nature », aux herbes, aux légumes ou aux algues.

Le tofu **mou** s'utilise pour faire des crèmes, des desserts, des sauces et des trempettes.

Le tofu **ferme** est utilisé très fréquemment pour tous les autres types de préparation. On peut l'émietter à la fourchette ou avec les doigts, le couper en tranches, en lamelles ou en cubes. Il gardera sa forme à la cuisson. Pour ceux qui préfèrent une texture plus consistante ou qui rappelle davantage celle de la viande, c'est faisable ; il faut alors congeler le tofu (pendant au moins quelques heures) et le décongeler par la suite. Une fois le tofu décongelé, vous le pressez entre vos mains pour extirper le surplus d'eau.

Pour donner au tofu ferme l'apparence de la viande dans une sauce à spaghetti, dans un pâté chinois ou autre, vous pouvez le colorer avec du jus (ou de l'eau de cuisson) de betteraves.

Dans toutes les recettes qui requièrent de la viande hachée, vous pouvez utiliser du tofu émietté; vous pouvez remplacer la viande en entier, ou en partie, selon que vous désirez y aller graduellement ou... à fond de train.

Ce livre contient plusieurs recettes utilisant du tofu ; pour l'instant, voici une marinade de base qui donnera saveur et couleur à votre tofu.

Marinade de base pour le tofu

Ingrédients :

$^3/_4$ tasse	d'eau
$^1/_4$ tasse	de sauce « tamari »
1 c. à soupe	d'huile d'arachide (première pression à froid)
1 c. thé	de fines herbes (vos préférées)
	poivre ou cayenne, au goût
1	gros paquet de tofu*

Préparation :

Couper le tofu en cubes ou en tranches, à votre préférence.

Dans un grand bol, mêler tous les autres ingrédients, puis ajouter les morceaux de tofu ; laisser reposer une heure à la température de la pièce.

Mettre dans un plat allant au four, arroser de marinade et faire cuire au four à 35°F ; ou encore l'égoutter et le faire revenir à la poêle dans un peu d'huile.

Vous pourrez l'utiliser tel quel, ou facilement l'incorporer dans vos préparations, par exemple avec des légumes au « wok », dans une casserole ou un ragoût.

☞ * Vous pouvez utiliser du tofu frais ou congelé (puis décongelé) ; ce dernier sera alors plus consistant.

66

Tofu A.B.C.

Voici une excellente recette de base pour apprêter le tofu. Préparé de cette façon, vous pouvez le servir chaud ou froid. C'est une recette idéale pour découvrir et apprivoiser cet ingrédient naturel qui est une excellente source de protéines.

Ingrédients :

½ paquet	(¼ livre ou 225 grammes) de tofu ferme
½	oignon haché
1 c. à soupe	d'huile d'arachide (première pression à froid)
1 c. à soupe	de sauce « tamari »
1 c. à soupe	de jus de citron
2 c. à soupe	de pâte de tomate
⅛ de c. thé	de moutarde forte (facultatif)
1 gousse	d'ail pressée
1 pincée	de cayenne
¾ de tasse	d'eau

Préparation :

Dans un grand poêlon ou un « wok », faire revenir l'oignon haché dans l'huile d'arachide jusqu'à ce qu'il soit doré.

Retirer du feu et ajouter le « tamari », le jus de citron, la pâte de tomate, la moutarde, l'ail, le cayenne et l'eau. Amener à ébullition en brassant de temps à autre.

Couper le tofu en petits dés ou bien en tranches fines, et l'ajouter au mélange, en veillant à ce qu'il soit complètement recouvert de sauce.

Couvrir le poêlon et laisser mijoter 20 minutes. Le liquide s'évaporera et le tofu dorera légèrement, mais sans brûler. Au besoin, ajouter un peu d'eau.

☞ *Servir chaud avec des légumes, ou bien froid, dans un sandwich de pain complet ou dans une salade, par exemple.*

Tofu à la King
ou poulet santé à la King

On connaît tous le fameux poulet à la King dans sa sauce onctueuse. Voici ma version végétarienne de ce classique. Au fait, rien ne vous empêche de remplacer le tofu par du poulet ; vous aurez alors un plat délicieux, mais plus « santé » que la recette traditionnelle.

Ingrédients :   Pour 4 à 6 portions

4 tasses	de champignons (ou de zucchini) tranchés
1	poivron vert en petits dés
2 tasses	de cubes de $1/2$ pouce de tofu (ou de poulet cuit)
4 c. à soupe	d'huile d'arachide de première pression à froid
3 c. à soupe	de farine complète (blé, épeautre ou autre)
3 tasses	de lait de soya nature
1	oignon vert en petites rondelles
sel de mer, poivre et muscade ou paprika au goût	

Préparation :

1- Faire revenir à feu moyen-doux les champignons et le poivron dans l'huile, jusqu'à ce qu'ils soient tendres. Ajouter la farine et cuire 2 minutes de plus, en brassant.

2- Retirer du feu, ajouter d'un coup le lait de soya, bien brasser. Remettre sur le feu, amener à ébullition en remuant constamment jusqu'à ce que le mélange commence à épaissir.

3- Ajouter le tofu, le sel, le poivre, et l'oignon vert. Réchauffer. Au moment de servir, saupoudrer d'un soupçon de muscade ou de paprika.

☞ *Servir sur des timbales, des rôties, du riz ou encore des pâtes. C'est un vrai régal.*

Tofu Cacciatore

*Ma version santé de ce classique de la cuisine ita-
lienne.*

Ingrédients :   **Pour 4 à 6 portions**

2 c. à soupe	d'huile d'olive de première pression à froid
1	oignon haché fin
1	carotte en petits dés
1/2	poivron en dés
2 tasses	de sauce tomate
1 feuille	de laurier
1 gousse	d'ail émincée
2 c. thé	de basilic séché
1/2 c. thé	d'origan séché
2 tasses	de macaronis de céréales entières, cuits selon les directives de l'emballage
2 tasses	de tofu ferme coupé en cubes
1/3 tasse	de farine complète (blé entier à « pâtisserie », épeautre)

Préparation :

1- Dans une cuillerée à soupe d'huile d'olive, faire revenir à feu moyen l'oignon, la carotte et le poivron. Ajouter la sauce tomate, la feuille de laurier, l'ail, la moitié du basilic et l'origan ; laisser mijoter de 10 à 12 minutes.

2- Pendant ce temps, faire cuire les macaronis selon les directives de l'emballage.

3- Saupoudrer les cubes de tofu de farine de blé entier (ou d'épeautre) et du reste de basilic ; les faire sauter au poêlon dans le reste de l'huile d'olive jusqu'à ce qu'ils commencent à dorer. Ajouter les cubes de tofu à la sauce tomate, retirer la feuille de laurier et servir sur les macaronis.

☞ *Une belle salade verte ou quelques crudités et voici un repas complet, rempli de protéines et exempt de cholestérol !*

Tofu pané au sésame

Vous aimez les panures... mais vous n'osez pas en consommer pour votre santé ? Essayez cette recette, vous en raffolerez. Et si vous connaissez quelqu'un qui « déteste » le tofu, faites-lui goûter ces croquettes sans lui dire ce que c'est.

Ingrédients :　　　　　Pour 3 ou 4 portions

1	paquet de tofu (225 à 300 grammes)
1	œuf
1 c. thé	de sauce Tamari
2 c. thé	d'eau
$1/4$ tasse	de graines de sésame nature
$1/4$ tasse	de germe de blé ou de chapelure sèche
1 c. à soupe	d'huile d'arachide de première pression à froid

Préparation :

1- Couper le bloc de tofu en 6 tranches égales.

2- Dans un premier bol, mélanger l'œuf, le Tamari et l'eau.

3- Dans un deuxième bol, mêler les graines de sésame et la chapelure ou le germe de blé.

4- Tremper les tranches de tofu dans le premier bol afin de les humecter. Les rouler ensuite dans le second bol, en veillant à ce que le mélange sec les recouvre bien.

5- Faire revenir au poêlon, dans l'huile d'arachide, à feu moyen-doux, 3 ou 4 minutes par côté. Servir chaud ou froid.

☞ *Servir chaud, avec une portion de céréales et des légumes. Froid, ou même dans un sandwich, c'est excellent.*

Mélange passe-partout au tofu

Ce beau mélange doré est tout simplement délicieux;
il peut aussi servir de remplissage pour farcir des tomates,
des poivrons ou d'autres légumes. Cela fait aussi une
trempette hors pair pour accompagner vos crudités.

Ingrédients :   **Pour 4 à 6 portions**

²/₃ de tasse	de graines de tournesol (nature non salées)
10 onces	de tofu
1 c. à soupe	d'huile d'olive (première pression à froid)
3 c. à soupe	de germe de blé
1 tasse	de carottes hachées finement
¹/₂ c. thé	d'anis frais
¹/₂ c. thé	de paprika
au goût	poivre noir et sel de mer

Préparation :

Moudre les graines de tournesol au robot culinaire ou au
mélangeur jusqu'à l'obtention d'une fine poudre.

Ajouter le tofu, l'huile d'olive et le germe de blé et mélanger jusqu'à ce que la consistance soit lisse et crémeuse.
Au besoin, ajouter un petit peu d'eau (pas trop à la fois).

Ajouter en brassant la carotte râpée, l'anis, le paprika ;
mettre un soupçon de poivre et de sel au goût.

Ce mélange se mange cru ou cuit. S'il s'agit d'une trempette, transvasez dans un plat de service. S'il s'agit d'une
farce, découpez le haut des tomates, des poivrons ou des
légumes, les évider puis les farcir du mélange.

☞ *Cette recette contient beaucoup de protéines, de*
fibres, de vitamines A, E, de minéraux et de calcium.

Gratin « tomat'-au-tofu »

Une recette sans cholestérol

Ingrédients :

Pour 6 personnes

2 c. à soupe	huile d'olive (première pression à froid)
1	oignon moyen, tranché finement
2 tasses	de tomates pelées et tranchées (quand c'est possible, les tomates fraîches sont tellement plus savoureuses)
2 gousses	d'ail écrasées
¼ c. thé	de sel de mer
¼ c. thé	de poivre
8 onces	de tofu égoutté
½ tasse	de chapelure de pain de blé entier

Préparation :

Préchauffer le four à 400°F.

Huiler légèrement un moule carré de 8 ou 9 pouces de côté.

Mettre une couche de tomates au fond du plat ; couvrir d'une couche d'oignons émincés ; continuer d'alterner ainsi tomates et oignons jusqu'à ce qu'il n'en reste plus.

Saupoudrer le dernier étage de sel, de poivre et d'ail. Couvrir avec du tofu écrasé à la fourchette. Étendre les croûtons par-dessus et finir en répandant goutte à goutte les deux cuillerées d'huile sur le tout.

Cuire au four durant 10 minutes. Après ce temps, réduire le feu à 350°F et laisser cuire de 30 à 40 minutes, jusqu'à ce que les croûtons soient bien dorés.

☞ *Vous pouvez accompagner ce délicieux gratin avec des légumes vapeur et une salade composée.*

Burgers au tofu

Cette recette vous permet d'obtenir des galettes de tofu qui peuvent remplacer les fameux « hamburgers » ou les « hamburgers steaks » ; l'avantage, c'est qu'ils ne contiennent que 56 calories et pas du tout de cholestérol, au lieu de 175 calories et 65 mg de cholestérol.

Ingrédients : Donne 8 burgers

1 paquet	(400 ou 450 grammes) de tofu
1/4 tasse	d'oignons verts hachés menu
1 tasse	de poivron vert ou rouge, en petits dés
1 c. à soupe	de sauce « tamari »
1	gousse d'ail écrasée
1 c. à soupe	d'huile d'arachide (première pression à froid)
jus de citron et gingembre frais au goût (facultatif)	

Préparation :

Envelopper le tofu dans un linge à vaisselle propre ; mettre sur le dessus une planche à pain et un poids (comme une grosse boîte de conserve, une brique, un dictionnaire ou ce que vous avez sous la main). Le laisser ainsi dégorger pendant 15 minutes.

Émietter le tofu, ajouter les oignons verts, le poivron, la sauce « tamari », l'ail et bien mélanger. Façonner avec les mains 8 beaux burgers.

Faire cuire au poêlon, dans l'huile d'arachide, sur un feu moyen, jusqu'à ce que les burgers prennent une belle couleur dorée; les retourner pour faire dorer l'autre côté. En fin de cuisson, arroser de jus de citron et, si le cœur vous en dit, ajouter une pincée de gingembre frais râpé.

☞ *Vous pouvez apprêter ces burgers selon votre façon habituelle... Dans des pains à hamburger de blé entier, avec quelques condiments au goût, c'est tout simplement délicieux.*

Tomates farcies au tofu

Un plat léger et faible en calories, mais qui forme un repas bien équilibré si on le prend avec des produits céréaliers: grain, riz, salade de riz ou autre.

Ingrédients : Pour 4 portions

4	belles tomates
1 ½ tasse	de tofu écrasé (« ferme » si possible)
1 ½ tasse	de céleri coupé finement
⅓ tasse	d'oignon coupé finement
1 c. à soupe	d'huile d'arachide (première pression à froid)
¼ tasse	d'olives noires dénoyautées
1 ½ c. à soupe	de jus de citron frais
½ c. thé	de poudre d'oignon
½ c. thé	de graines d'aneth
	cayenne au goût
1 c. à soupe	de levure « nutritionelle » (Torula ou Engevita)

Préparation :

À l'aide d'un couteau, enlever soigneusement le dessus des tomates, les vider, et mettre de côté 1/2 tasse de chair de tomates (sans les pépins). Le reste peut servir pour une soupe ou une autre recette.

À feu moyen, faire rissoler les oignons et le céleri dans de l'huile d'arachide (première pression à froid), jusqu'à ce qu'ils deviennent tendres.

Retirer du feu et ajouter tous les autres ingrédients, mélanger délicatement. Remplir les tomates de cette mixture ; aucune cuisson n'est requise.

Garnir avec du persil frais, à votre goût.

Donne 4 portions

☞ *Des légumes, des germes, une tranche de pain complet et le tour est joué. En passant, ce plat est idéal pour un pique-nique ou un buffet !*

Des plats appétissants

Ragoût de boulettes

On aime tous ce plat bien de chez nous... maintenant, avec cette version super-santé que je vous ai concoctée, il n'y a plus aucune raison de s'en priver !

Ingrédients :   Pour 4 portions

Pour les boulettes :

$1/2$ tasse	de chapelure de pain de blé sec
$1/4$ tasse	de levure « Torula » ou « Engevita »
$1/4$ tasse	de farine de blé entier à pâtisserie
$1/4$ tasse	de lait de soya
2 c. à soupe	d'huile de carthame ou d'olive (première pression à froid)
1	œuf
1	oignon haché
	sel de mer et poivre au goût
1 pincée	de clou de girofle en poudre
2	gousses d'ail émincées

Pour la sauce :

4 c. à soupe	de farine de blé entier
2 c. à soupe	de sauce « tamari »
1	gousse d'ail
1	feuille de laurier
2 tasses	d'eau

Préparation :

Pour les boulettes :

Préchauffer le four à 350°F.

Mélanger tous les ingrédients ; façonner des boulettes et les disposer sur une plaque à biscuits huilée ou anti-adhésive. Mettre au four 30 minutes.

☞ *Vous pouvez aussi mélanger cette préparation moitié-moitié avec votre recette préférée de boulettes de viande.*

Pour la sauce :

Dans un poêlon épais, faire brunir 4 c. à soupe de farine de blé entier ; retirer du feu et ajouter graduellement 2 tasses d'eau tiède et la sauce « tamari », la gousse d'ail, la feuille de laurier et le clou de girofle.

Porter à ébullition et y mettre les boulettes à cuire 30 minutes.

Pâté chinois végétarien

Cette recette économique peut remplacer votre pâté chinois traditionnel ; l'avantage est qu'elle est très faible en matière grasse et qu'elle ne contient pas de cholestérol.

Ingrédients :   **Pour 4 portions**

2 tasses	de lentilles cuites (vertes ou brunes)
1/2	oignon
2 c. à soupe	d'huile d'arachide (première pression à froid)
1 boîte	de maïs (environ 20 onces) ; choisissez-le sans sucre ni additif ; beaucoup en contiennent
4 tasses	(ou plus) de pommes de terre cuites
1/4 de tasse	(ou au goût) de lait de soya nature sarriette épices au goût, sel de mer

Préparation :

En gros, procéder comme pour votre pâté chinois habituel (vous pouvez l'assaisonner à votre goût comme d'habitude).

1 - Lentilles (au lieu de la viande)

Faire cuire les lentilles dans une casserole d'eau bouillante de 45 à 50 minutes.

Note : Si vous laissez tremper vos lentilles d'avance dans de l'eau froide toute la nuit, le temps de cuisson sera de 30 minutes.

Lorsque les lentilles sont cuites, faire suer au poêlon 1/2 oignon haché menu dans de l'huile d'arachide jusqu'à ce qu'il devienne transparent. Bien égoutter les lentilles et les ajouter. Cuire à feu moyen de 4 à 5 minutes.

2 - Purée de pommes de terre santé

Préparer votre purée de pommes de terre comme d'habitude, mais utiliser plutôt du lait de soya nature et ne pas mettre de beurre. Ajouter de la sarriette et du sel de mer au goût.

3 - Confection du pâté

Dans un plat allant au four, disposer la préparation de lentilles et d'oignons, puis mettre une couche de maïs (si on veut, on peut ajouter aussi des haricots verts en morceaux ou des légumes de saison), et recouvrir avec les pommes de terre en purée. Décorer d'un peu de paprika si on désire.

Mettre dans un four chaud, à 350°F de 35 à 40 minutes.

☞ *Cette recette est encore plus facile à préparer si vous avez fait cuire vos lentilles d'avance. Savez-vous qu'elle constitue un plat très complet et bien équilibré, puisqu'elle vous donne une ration de protéines, une de céréale et une de légumes. Ajoutez une petite salade composée et bon appétit !*

La petite histoire du pâté chinois

*Le **pâté chinois** est une recette de chez nous ; elle ne vient pas de Chine comme on pourrait le croire. C'est le repas soutenant qu'on donnait aux ouvriers qui travaillaient à la construction des voies de chemins de fer à travers le Canada. La plupart de ces ouvriers étaient d'origine chinoise ; les compagnies les faisaient venir ici pour avoir de la main-d'œuvre efficace et bon marché. C'est pour cela qu'on appelait cette recette du pâté chinois, tout simplement !*

Riz aux lentilles et aux légumes

Cette recette constitue un repas complet parfaitement balancé ; vous n'aurez qu'à l'agrémenter de quelques crudités ou d'une belle salade composée. Dépourvue de cholestérol et faible en calories, cette préparation a aussi l'avantage de ne pas contenir d'ingrédients fréquemment allergènes.

Ingrédients :   Pour 6 portions

1 c. à soupe	d'huile d'arachide (première pression à froid)
1 petit	oignon haché
1 gousse	d'ail émincée
1/2	poivron rouge ou vert coupé en dés
1 petite	carotte coupée en dés
1/2 tasse	de zucchini en dés **ou** de bouquets de chou-fleur
1 tasse	de petits pois verts (frais ou congelés)
1/4 tasse	de lentilles sèches brunes ou vertes, rincées et triées
3/4 tasse	de riz brun complet rincé
2 1/4 tasses	d'eau
1 c. thé	de sarriette
1	feuille de laurier
3 c. à soupe	de sauce « tamari »

Préparation :

Dans une grande casserole, sur feu moyen, faire suer l'oignon haché dans l'huile d'arachide de 4 à 5 minutes.

Ajouter tous les autres ingrédients, sauf la sauce « tamari ». Porter à ébullition en remuant fréquemment.

Couvrir et laisser mijoter à feu doux pendant 45 minutes.

Juste avant de servir, ajouter vos 3 cuillerées à soupe de « tamari » et remuer délicatement.

☞ *Avec ce plat vous n'avez pas besoin de viande puisque les lentilles vous fourniront la dose requise de protéines. Le riz constituera votre produit céréalier et, en bonus, vous bénéficierez de l'apport nutritionnel de 5 beaux légumes.*

Si jamais il en reste pour le lendemain, je vous assure que ça fait un succulent petit riz frit. Vous n'avez qu'à faire revenir au poêlon 5 minutes ce qui reste, dans un soupçon d'huile d'arachide.

Casserole de lentilles citronnées

Un petit plat bien spécial au goût délicatement acidulé et plein de vitamines ! Une portion de riz ou de produit céréalier, une jolie petite salade et voilà un repas bien balancé.

Ingrédients :   **Pour 4 portions**

3 tasses	d'eau
1 ¼ tasse	de lentilles sèches
2 tasses	de persil haché
2	pommes de terre moyennes, pelées et coupées en dés
2	branches de céleri coupées en morceaux
1	oignon moyen, coupé en morceaux
2	courgettes (zucchini) tranchées en rondelles
2	gousses d'ail écrasées
1	citron, tranché en quartiers
le jus	d'un demi-citron
	une pincée de sel de mer

Préparation :

Mettre les lentilles dans l'eau avec le jus de citron, amener à ébullition puis couvrir et baisser le feu. Laisser mijoter 30 minutes.

Ajouter le persil, les morceaux de pommes de terre, de céleri, d'oignon et l'ail. Couvrir et laisser mijoter 20 minutes. Au bout de ce temps, ajouter la courgette, le sel, couvrir et laisser cuire 15 minutes de plus.

Servir et décorer avec les quartiers de citron.

☞ *Dans la haute antiquité, on connaissait bien la valeur alimentaire des lentilles : leur goût était très prisé et on croyait qu'elles donnaient la force, la santé (on n'était pas loin de la vérité) et la virilité. C'est d'ailleurs justement pour cette raison que Caïn avait vendu son frère Abel... pour un plat de lentilles !*

Aubergines Parmigiana alla Josée

Cette recette traditionelle italienne est un des classiques de Maman. Je l'ai un peu trafiquée pour vous, pour la rendre plus « naturiste »... mais cette version n'a rien perdu de sa saveur typique.

Ingrédients :   Pour 4 portions

4 tasses	de sauce tomate (conserve ou mieux, maison)
1	aubergine
2 tasses	de chapelure de blé entier (sèche)
$1/2$ tasse	de lait de soya nature
$1/2$ tasse	de farine de blé entier
$1/4$ c. thé	de poudre d'ail
1 c. à soupe	d'huile d'olive (première pression à froid)
$1/8$ c. thé	de sel de mer
1 pincée	de poivre au goût

Préparation :

Peler l'aubergine et la découper en tranches de 1/8 de pouce d'épais.

Mêler la chapelure, le sel, le poivre et la poudre d'ail dans un plat peu profond (comme une assiette à tarte). Dans un autre plat semblable, verser le lait de soya.

Vider la farine de blé entier dans un sac de polythène. Plonger les tranches d'aubergine (deux à la fois) dans le sac, fermer le sac et bien agiter. Sortir vos 2 tranches d'aubergine et les secouer pour enlever l'excès.

Lorsque toutes les tranches d'aubergine sont finement couvertes de farine, les tremper dans le lait de soya, les retourner ; les tremper ensuite dans le plat de chapelure.

Réchauffer la sauce tomate. Pendant ce temps, dans un grand poêlon antiadhésif, chauffer l'huile et faire dorer les tranches d'aubergine recouvertes de chapelure de 5 à 6 minutes par côté, jusqu'à ce qu'elles soient croustillantes à l'extérieur et tendres en dedans.

Napper les tranches d'aubergine de sauce tomate. Servir avec du riz complet ou des pâtes de blé entier.

☞ *Ce plat qui nous vient d'un des plus beaux pays du monde est tout simplement sensationnel.*

On croit souvent que les Italiens ont une cuisine un peu trop riche. C'est vrai qu'on mange très bien chez eux, mais savez-vous qu'ils ont beaucoup moins de problèmes de cholestérol et de cœur que les Nord-Américains. Leur secret ? L'huile d'olive extra-vierge qu'on retrouve partout là-bas.

Pasta « primavera »

Un succulent plat de pâtes, onctueux et appétissant, mais en plus de constituer un repas équilibré avec ses 5 légumes, ses protéines et ses céréales complètes, il est exempt de cholestérol et est très faible en calories. Que pourrait-on demander de plus ?

Ingrédients :   **Pour 4 personnes**

---

4 portions   de pâtes de céréales entières

* Choisissez des pâtes de maïs, de riz, de sarrasin dans votre magasin d'aliments naturels ; les « fraîches » sont succulentes. Sinon vous pouvez prendre des macaronis ou des spaghettis « Catelli » de blé entier.

$^1/_2$ tasse	de carottes en lamelles
$^1/_2$ tasse	de bouquets de chou-fleur en morceaux
$^1/_2$ tasse	de céleri coupé en dés
$^1/_2$ tasse	de zucchini en tranches

Sauce « béchamel »

2 c. à soupe	d'huile d'arachide (première pression à froid)
3 c. à soupe	de farine de blé entier
1 $^1/_2$ tasse	de lait de soya nature
1 petit	oignon vert haché menu
	persil, basilic, ail frais pressé, au goût
	une pincée de cayenne
	sel de mer (facultatif)

Préparation :

Légumes :

Couper en petits morceaux ou en tranches les carottes, le chou-fleur, le céleri et les zucchinis. Les cuire à la vapeur de 10 à 12 minutes.

Pâtes :

Faire cuire les pâtes selon les instructions de l'emballage ; les égoutter.

Sauce béchamel :

Dans un grand poêlon, verser l'huile et faire revenir la farine de 1 à 2 minutes en brassant. Ajouter l'oignon vert,

Linguini aux légumes sautés

Pour varier, vous pouvez remplacer les linguini par des fettucini, des spaghetti, des macaroni ou vos pâtes préférées.

Ingrédients :   **Pour 2 ou 3 portions**

½ c. thé	d'huile d'olive (première pression à froid)
1 c. thé	d'ail frais écrasé ou pressé
½ c. thé	de basilic séché
½ c. thé	d'origan séché
½ tasse	d'oignon coupé en petits dés
1	poivron coupé en dés
½ tasse	de zucchini tranché mince
½ c. thé	d'arrow-root (ou de fécule de maïs)
2 c. à soupe	de jus de légumes ou d'eau
¾ tasse	de tomates coupées en petits dés
1 ½ c. thé	de persil frais
1 c. à soupe	de fromage Romano ou de chèvre râpé ou de « soyco »
3 portions	de pâtes de blé entier (linguini ou celles que vous préférez)

Préparation :

Faire cuire vos linguini ou vos pâtes de blé entier selon les instructions ; égoutter et réserver.

Dans un « wok » ou dans un grand poêlon, chauffer l'huile ; ajouter l'ail, le basilic, l'origan et laisser cuire une minute. Ajouter l'oignon, le poivron et le zucchini, et faire sauter jusqu'à ce qu'ils soient cuits mais encore croquants.

Bien mélanger l'arrow-root (ou la fécule de maïs) au jus de légumes (ou à l'eau), puis verser ce mélange sur les légumes et brasser pour déglacer.

Ajouter les linguini ou les pâtes cuites et mélanger. Garnir avec les tomates, le persil et le fromage.

☞ *Vous ne croirez jamais que ce plat savoureux ne contient que 130 calories par portion !*

Macaroni « deux façons »

Cette recette est toujours populaire ; faites tout d'abord la recette de base, puis choisissez entre ces deux variantes typiques ; vous obtiendrez deux plats nationaux tout à fait différents... Tout ça en quelques minutes de préparation à peine !

Ingrédients :   Pour 4 personnes

Recette de base :

2 tasses	de macaroni (préférablement de blé entier) non cuits
1 c. à soupe	d'huile d'olive (première pression à froid)
un brocoli	(les « fleurets » détachés et le tronc tranché)
2 carottes	en lamelles ou en tranches minces
2 zucchinis	coupés en julienne
1 branche	de céleri coupée en dés
1 gousse	d'ail écrasée

et selon votre choix :

pour la recette à l'italienne

1 tomate	coupée en dés
1 c. à soupe	de basilic
1 c. à soupe	d'origan
$1/4$ tasse	de fromage Romano râpé (ou de parmesan de soya)
	sel de mer et poivre noir au goût

pour la recette à la chinoise

1 ou 2 c. à soupe	de sauce « tamari »
une pincée	de poivre blanc
$1/2$ tasse	d'oignon vert haché

Préparation :

Mettre l'huile d'olive dans une grosse casserole, faire revenir le brocoli, les carottes, les zucchinis et le céleri une dizaine de minutes à feu assez doux.

Pendant ce temps, faire cuire les macaroni selon les instructions de l'emballage. Lorsqu'ils sont prêts, les égoutter et les ajouter à la casserole de légumes avec l'ail.

Brasser et continuer selon la version choisie.

Macaroni à l'italienne

Ajouter à la recette de base la tomate en dés, le basilic, l'origan, saler et poivrer au goût. Brasser deux minutes toujours à feu doux, ajouter le Romano et servir.

Macaroni à la chinoise

Ajouter à la recette de base la sauce « tamari » (au goût), le poivre et $\frac{1}{2}$ tasse d'oignon vert haché. Brasser deux minutes et servir.

Tarte éclair aux oignons

Voici une recette-type dépannage. Quand vous avez peu de temps pour préparer un repas, ou lorsque des invités vous arrivent à l'improviste, je vous assure que cette recette vous sera utile. D'ailleurs, elle se prépare en un rien de temps. Elle permet également d'apprivoiser le tofu sans trop s'en rendre compte.

Ingrédients :   Pour 4 à 6 portions

2 c. à soupe	d'huile d'olive (première pression à froid)
3 tasses	d'oignons tranchés minces
3 c. à soupe	de « tamari »
1 $^3/_4$ tasse	(un paquet de 450 à 500 grammes) de tofu
2	œufs battus
$^1/_4$ c. à thé	de sel de mer (facultatif)
4 à 6	tranches de pain de blé entier
un peu de fromage Romano (facultatif)	

Préparation :

Préchauffer le four à 350°F.

Dans un poêlon, faire suer à feu moyen les oignons dans l'huile durant une minute en remuant constamment. Ajouter la sauce « tamari », couvrir et faire cuire à feu très doux pendant 10 minutes. Les oignons vont alors s'attendrir et prendre une belle teinte dorée.

Pendant ce temps, écraser soigneusement à la fourchette votre tofu ; ne pas utiliser le robot culinaire car la préparation serait beaucoup trop détrempée et perdrait sa texture. Y ajouter les 2 œufs battus et le sel de mer (facultatif).

Huiler très légèrement un plat de 9 pouces sur 13 pouces, et en tapisser le fond avec les tranches de pain de blé entier (c'est une bonne occasion d'utiliser votre pain un peu sec). Mettre les oignons sur les tranches de pain, puis couvrir du mélange de tofu et d'œuf. Si on le désire, saupoudrer d'un peu de Romano.

Cuire au four 25 minutes et laisser refroidir de 5 à 10 minutes avant de servir. Couper en grands carrés pour un plat principal ou en plus petits pour des amuse-gueules.

☞ *Quelques légumes cuits, une belle salade et vous avez un repas complet et parfaitement équilibré.*

Seitan
Recette de base

Le seitan est une protéine végétale qui ressemble beaucoup à du bœuf tendre ou à du veau. Contrairement au tofu, le seitan a une belle couleur brune appétissante.

Pour la même quantité, vous paierez une dizaine dollars en magasin... Mais si vous le faites chez vous, en suivant cette recette, il vous revient à peine à 1 dollar.

Ingrédients :   **De 4 à 6 tasses**

1 tasse	d'eau chaude
$1/4$ de tasse + 4 c. à soupe de sauce « tamari »	
1 c. thé	de levure « Engevita » (pas de levure de bière)
2 c. à soupe	d'huile de carthame ou d'olive (première pression à froid)
1 tasse	de farine de gluten
1 c. thé	de persil
1	gousse d'ail écrasée
une pincée	de poivre
2 c. thé	d'herbes aromatiques au goût (persil, basilic, thym, sarriette, etc.)

Préparation :

Mélanger l'eau, 4 cuillerées à soupe de « tamari », la levure, l'huile et le persil, puis y ajouter graduellement la farine de gluten. Bien mélanger à la cuiller de bois ; cela vous donnera une boule.

Placer cette boule dans un chaudron assez grand (au moins 12 tasses) car elle gonflera. La couvrir d'eau, ajouter le $1/4$ de tasse de sauce « tamari » qui reste, la gousse d'ail et les 2 cuillerées à thé d'aromates.

Porter à ébullition, couvrir et mijoter de 45 minutes à 1 heure. C'est prêt. Garder le bouillon.

☞ *Vous vous demandez quoi faire avec le seitan ? À la page suivante, vous trouverez quatre suggestions appétissantes... À moins que vous ne décidiez d'expérimenter vous-même.*

Source : Marilyn Bolduc

Quatuor de recettes
à base de Seitan

Le seitan est très versatile : il peut remplacer la viande dans la plupart de vos recettes favorites, mais si vous ne savez pas trop comment l'apprêter, voici quatre suggestions de recettes qui plairont à votre petit monde à coup sûr.

Pot-au-feu au Seitan

Couper votre seitan en beaux gros cubes, et les faire cuire dans son bouillon avec des pommes de terre, des carottes, des oignons et des légumes à votre goût.

Avant de servir, épaissir la sauce avec de la farine d'arrow-root. Vous aurez un ragoût dont vous vous régalerez.

Steakettes de Seitan

Bien égoutter votre seitan. Le couper en belles tranches. Faire revenir les tranches au poêlon avec des oignons, 3 ou 4 minutes de chaque côté.

Accompagner de beaux légumes et d'une salade.

Seitan haché

Bien égoutter votre seitan. Le passer au robot ou au moulin à viande. Vous aurez alors un délicieux « steak haché » avec lequel vous pourrez confectionner par exemple un pâté chinois, une tourtière (avec du clou de girofle) ou une sauce à spaghetti du tonnerre.

En fait vous pouvez remplacer le steak haché de vos recettes préférées par le seitan... ou encore par un mélange moitié seitan haché, moitié viande.

Seitan à la chinoise

Couper le seitan en petits cubes et le faire revenir au « wok » ou dans un grand poêlon avec du gingembre et des légumes. Accompagner de riz. Voici un repas oriental économique et santé.

Pot-au-feu de novembre

Ce pot-au-feu est délicieux en novembre, en décem-bre, en janvier... ou n'importe quand durant l'année !

Ingrédients :   Pour 4 portions

2	grosses pommes de terre
1	petit rutabaga
2	grosses carottes
3	gros panais (ou 4 moyens)
3 tasses	d'oignons hachés en morceaux
2	feuilles de laurier
$1/4$ tasse	de sauce « tamari »
2 tasses	d'eau
Sauce	
2 c. à soupe	d'huile de carthame, d'arachide ou d'olive (première pression à froid)
4 c. à soupe	de farine de blé entier
1 c. à soupe	de persil
1 c. thé	d'estragon
$1/4$ tasse	d'eau

Préparation:

Préchauffer le four à 350°F.

Peler les pommes de terre, les carottes, les panais et le rutabaga puis les découper en morceaux de grosseur moyenne. Les mettre dans une grand plat allant au four ou une cocotte ; ajouter les oignons hachés, les feuilles de laurier, la sauce « tamari » et l'eau.

Couvrir et mettre au four pour 1 h $1/2$, jusqu'à ce que les légumes soient tendres.

Pendant ce temps, préparer la sauce comme suit : chauf-fer l'huile dans une petite casserole à feu moyen. Ajouter la farine, le persil et l'estragon en brassant jusqu'à ce que la farine commence à brunir. Lorsque la farine de blé entier chauffe, elle dégage un léger parfum de noisette.

Retirer alors la casserole du feu et verser l'eau sur la farine. Brasser vigoureusement, jusqu'à ce que cela forme une pâte lisse ayant la consistance d'un roux.

Ajouter la pâte de farine au ragoût et bien mélanger. Si la sauce est trop liquide, faire cuire non couvert quelques minutes pour lui permettre d'épaissir. Si elle est trop épaisse, ajouter un tout petit peu d'eau.

☞ *Préparé à l'avance, vous avez un repas succulent qui vous attend. Il ne manque qu'une petite salade.*

Brochettes marocaines
aux légumes

Ingrédients :   **Pour 4 portions**

8	beaux gros champignons,
1/2	aubergine, coupée en dés d'environ 2 pouces
1	poivron rouge
1	poivron vert
1	zucchini coupé en tranches d'un pouce
1 c. à soupe	d'huile d'arachide (première pression à froid)
1 c. thé	d'ail frais écrasé
1/2 tasse	de sauce « tamari »

Et si vous voulez :   Facultatif

1 tasse	de tofu coupé en cubes de 2 pouces

du basilic frais ou du persil pour la présentation

Préparation :

Piquer les légumes (et le tofu si on veut) avec des brochettes à chiche-kebab. On peut également les disposer dans un plat pour les rôtis.

Dans un bol, mêler l'huile d'arachide, la sauce « tamari » et l'ail ; à l'aide d'un pinceau de cuisine, badigeonner généreusement cette marinade sur les légumes de chaque côté. Laisser mariner au moins 10 minutes, en rajoutant du mélange de temps à autre.

Faire cuire sur le barbecue ou au four à « broil », jusqu'à ce que les légumes commencent à dorer, puis les retourner pour faire cuire l'autre côté jusqu'à ce que ça commence à brunir.

Servir chaud sur du riz ou sur du couscous, et décorer avec les feuilles de basilic ou le persil.

☞ *Ce plat traditionnel du Maroc ne contient que 75 calories par portion et 0 cholestérol.*

Œufs brouillés sans œufs

Si vous devez surveiller votre taux de cholestérol, voici une alternative aux œufs brouillés. En fait, cette recette fait mentir le proverbe disant qu'on « ne peut pas faire d'omelette sans casser d'œufs ».

Ingrédients :   **Pour 4 à 6 personnes**

2 tasses	de tofu ferme égrené à la main
2 à 4	oignons verts hachés fin
2 ou 3 c. thé	de sauce « tamari »
1 c. à soupe	de persil haché (sec ou frais)
¼ de c. thé	de poudre d'ail (ou ½ gousse d'ail frais pressée)
	une pincée de cayenne
1 c. à soupe	d'huile d'arachide (première pression à froid)
1 petite	tomate (ou ½ grosse) coupée en petits cubes

Préparation :

Dans un grand bol, combiner tous les ingrédients sauf l'huile et la tomate et brasser. Mettre l'huile dans un poêlon, puis verser ce mélange et cuire à feu moyen de 5 à 6 minutes.

Pendant ce temps, couper la tomate en petits dés, l'ajouter à la préparation et laisser cuire encore 3 ou 4 minutes de plus.

Servir chaud.

☞ *Voici un bon plat nourrissant, plein de protéines, tout en étant exempt de gras et de cholestérol. C'est idéal pour un repas, mais avec du pain complet, cela peut vous faire un déjeuner ou un brunch fantastique. Quelle joyeuse façon de commencer la journée !*

Cretons végétariens

Ingrédients :

$^3/_4$ de tasse	de lentilles brunes
1 c. à soupe	de levure « Torula »
$^1/_2$ tasse	d'oignon haché
1	gousse d'ail hachée
1 c. à soupe	d'huile d'arachide (première pression à froid)
2 $^1/_4$ tasses	d'eau
1 c. à soupe	de sauce « tamari »
	sel
	clou de girofle
	cannelle

Préparation :

Moudre les lentilles et la levure au mélangeur ou au robot.

Dans un grand poêlon, faire revenir les oignons dans un peu d'huile ; ajouter l'eau, l'ail, les lentilles, le « tamari », et la levure. Cuire 10 minutes en brassant. Au besoin, on peut rajouter un peu d'eau.

Assaisonner à la fin, puis laisser refroidir dans un moule.

☞ *Ces cretons ont un succès fou lors des réceptions ; la plupart des convives seront persuadés qu'il s'agit des cretons traditionnels.*

Source : *Ginette Chartier de la ligue « La Leche».*

Terrine de tournesol

Voici une savoureuse recette végétarienne qui rappelle le pâté de foie. Son grand avantage réside dans le fait qu'elle ne contient pas de cholestérol. Par surcroît, elle est économique et facile à préparer. Délicieuse sur des craquelins ou en sandwich, cette préparation vous dépannera souvent. Une portion de cette terrine remplace parfaitement une portion de viande.

Ingrédients :

$^1/_2$ tasse	d'eau chaude
$^1/_2$ tasse	d'huile d'olive (première pression à froid)
$^1/_4$ de tasse	de sauce « tamari »
1	oignon moyen haché
1	gousse d'ail émincée
1	grosse pomme de terre pelée et coupée en dés
1 tasse	de graines de tournesol crues et décortiquées
$^1/_2$ tasse	de farine de blé entier
$^1/_2$ tasse	de levure alimentaire*
$^3/_4$ c. thé	de basilic
$^3/_4$ c. thé	d'une autre herbe aromatique au choix (sauge, origan, marjolaine ou sarriette)

Préparation :

Préchauffer le four à 350°F.

Combiner tous les ingrédients dans le mélangeur ou le robot culinaire et réduire en une purée bien lisse.

Déposer le mélange obtenu dans des petits ramequins ou un plus grand plat que vous aurez huilés au préalable. Cuire pendant une heure ou jusqu'à ce que la terrine soit ferme. Bien refroidir sur une grille puis décoller les bords avec un couteau et démouler.

Cette terrine se conserve deux semaines au réfrigérateur et trois mois au congélateur.

* *La **levure alimentaire** n'a rien à voir avec celle qui sert à faire lever le pain. Vous la trouverez dans les magasins d'aliments naturels sous l'appellation « Levure Engévita » ou « Levure Torula ». N'utilisez jamais de levure de bière dans vos recettes, le goût serait abominable. Si vous n'avez pas de levure alimentaire, vous pouvez employer à la place $1/2$ tasse de germe de blé.*

Mon pain de noix

Voici un plat qui regorge de protéines, au moins autant que votre pain de viande régulier. Avec son petit goût bien particulier, il est succulent seul ou encore avec un peu de sauce tomate. Quelques beaux légumes, une jolie salade et voilà un repas vite fait, vite prêt et vite servi !

Ingrédients :   Pour 6 portions

1	oignon moyen, coupé en morceaux
1 c. à soupe	d'huile d'arachide (première pression à froid)
1 tasse	de noix de Grenoble, hachées finement*
½ tasse	d'amandes, hachées finement*
1 ½ tasse	de chapelure fraîche de blé entier*
1/2 tasse	de lait de soya nature
1	œuf
1 c. thé	de sauce « tamari »

* Si les noix et la chapelure ne sont pas déjà hachées, on peut le faire au robot culinaire.

Préparation :

Préchauffer le four à 350°F.

Au poêlon, faire revenir l'oignon dans l'huile à feu moyen jusqu'à ce qu'il devienne transparent.

Huiler légèrement un moule à pain (d'environ 9 pouces sur 5 pouces).

Mêler tous les ingrédients et disposer ce mélange dans le plat à pain.

Cuire au four de 25 à 30 minutes.

Laisser refroidir légèrement avant de démouler. Il ne reste qu'à servir.

☞ *Vous avez un pâté délicieux qui ne compte que 362 calories par portion, plein de calcium, et presque pas de cholestérol.*

Moi, j'en raffole en sandwich : deux tranches de pain de blé entier, une feuille de laitue, une tranche de tomate, un soupçon de mayonnaise santé et quelques légumes frais... Miumm !!!

Pain de viande « mascarade »

Ce pain de viande est savoureux... on ne se douterait jamais qu'il ne contient absolument pas de viande, d'où son nom. Une autre occasion de se régaler tout en surveillant sa forme et son porte-monnaie !

Ingrédients :   **Pour 4 à 6 personnes**

1 ½ tasse	d'amandes (ou de noix à votre choix)
2 tasses	de chapelure sèche de pain complet
2	œufs battus
1 tasse	de tomates fraîches en dés (avec le jus) sinon en conserve
1	gousse d'ail écrasée
2 c. à soupe	de sauce « tamari »
¼ c. thé	d'origan sec
¼ c. thé	de basilic sec
¼ tasse	de persil haché frais

Préparation :

Préchauffer le four à 350°F.

Au mélangeur, moudre les amandes (ou les noix de votre choix), puis les mettre dans un grand bol.

Ajouter la chapelure, les œufs, les tomates et leur jus, la sauce « tamari », l'ail et les aromates. Bien mélanger, puis transvaser dans un moule à pain légèrement huilé.

Cuire au four de 30 à 35 minutes.

Démouler et servir chaud ou froid.

☞ *Avec un coulis de tomate ou une sauce béchamel, c'est exquis... Mais c'est aussi très bon tel quel. Ce plat regorge de protéines grâce aux noix ; ajoutez-y une salade verte, des légumes croquants et voici un autre repas qui vous permettra de faire le plein d'énergie.*

Pain de viande végétarien

Cette recette est faite à base de tofu au lieu de viande... Mais en le goûtant, vous ne le croiriez pas !

Ingrédients :   **Pour 6 personnes**

1 livre	de tofu ferme (2 paquets de 450 ou 500 grammes)
½ tasse	de germe de blé
⅓ tasse	de persil frais haché
¼ tasse	d'oignon finement haché
2 c. à soupe	de sauce « tamari »
½ c. à soupe	de moutarde forte (type Dijon)
1 gousse	d'ail émincée
¼ c. thé	de poivre noir ou de cayenne
1 c. à soupe	d'huile d'arachide (première pression à froid)

Préparation :

Préchauffer le four à 400°F.

Huiler un moule à pain allant au four avec l'huile d'arachide. Émietter le tofu à la fourchette, ajouter les autres ingrédients et bien mélanger.

À l'aide des doigts, presser le mélange dans le moule à pain en appuyant. Bien égaliser. Faire cuire au four, sur la grille du centre, environ une heure.

Laisser refroidir 10 minutes avant de démouler.

☞ *Ce pain de viande est succulent et ne contient que 120 calories par portion, mais savez-vous que, en plus, il est très versatile ? S'il vous en reste, vous pouvez le trancher et le faire revenir au poêlon, ou encore vous en servir pour garnir des sandwichs de pain complet.*

Ratatouille (sans cholestérol)

En France, la ratatouille est un ragoût de légumes savoureux dont la recette a fait le tour du monde. Cette recette-ci, qui nous vient du Moyen-Orient en est une variante. Si en plus des légumes frais, vous utilisez des herbes fraîches, vous concocterez un petit plat dont on vous parlera longtemps.

Ingrédients :   Donne de 6 à 8 portions

1	grosse aubergine
2	zucchinis moyens
1	gros oignon
1	poivron vert
1	gousse d'ail frais entière
2 c. à soupe	d'huile d'olive (première pression à froid)
3	tomates fraîches, coupées en dés
1 c. thé	de sel de mer
$1/8$ c. thé	de poivre
$1/2$ c. thé	de basilic
$1/2$ c. thé	d'origan

Préparation :

Découper l'aubergine en petits cubes d'un pouce, trancher les zucchinis en rondelles d'un demi-pouce. Couper l'oignon grossièrement et découper le poivron vert en dés.

Dans une grande marmite à couvercle au fond épais, faire revenir l'oignon et le poivron vert jusqu'à ce qu'ils deviennent tendres; ajouter l'aubergine, le zucchini en remuant et en laissant cuire quelques minutes de plus. Ajouter l'ail écrasé au presse-ail ou haché, les épices et les tomates.

Couvrir et laisser mijoter à feu doux jusqu'à ce que les légumes soient bien cuits, environ une demi-heure. Après ce temps, enlever le couvercle et augmenter le feu pour laisser le surplus d'eau s'évaporer; remuer de temps à autre.

☞ *Vous pouvez servir ce mets sur une tasse de riz brun ; il regorge de vitamine A et C, ainsi que de calcium, de magnésium, de zinc... Mais il ne contient pas de cholestérol.*

En passant, c'est délicieux chaud ou froid.

Plats principaux

Aubergine à l'Italia

Un plat principal qui vous donnera l'impression de visiter le pays de mes ancêtres.

Ingrédients :   **Pour 4 portions**

1	oignon haché fin
1 c. à soupe	d'huile d'olive de première pression à froid
2	gousses d'ail émincées
1 boîte	(14 onces) de tomates passées au mélangeur
1 c. à soupe	de basilic séché
1 c. thé	d'origan séché
1 c. thé	de sel de mer
1	grosse aubergine en tranches de $1/4$ de pouce
1 tasse	de tofu émietté à la fourchette
$2/3$ tasse	de chapelure sèche

Préparation :

1- Préchauffer le four à 350°F. Dans une casserole, faire suer l'oignon cinq minutes dans l'huile d'olive. Ajouter l'ail et cuire une minute de plus. Ajouter les tomates passées au mélangeur, le basilic, l'origan et le sel. Laisser mijoter 15 minutes à découvert.

2- Couper l'aubergine en tranches, en déposer la moitié dans un moule de 13 pouces sur 9 légèrement huilé, verser la moitié de la sauce tomate. Déposer ensuite le reste des aubergines, puis la tasse de tofu émietté et le reste de sauce. Recouvrir de chapelure. Cuire au four 30 minutes.

☞ *Pourquoi ne pas servir ce plat avec une belle salade et des légumes verts ?*

Boulettes carrousel
aux fines herbes

Un repas aussi appétissant que savoureux ; les enfants en raffolent.

Ingrédients :   Pour 4 à 6 portions

2 c. à soupe	d'huile d'olive de première pression à froid
1	petit oignon haché finement
1 paquet	(10 à 12 onces) de tofu égoutté, écrasé à la fourchette
1/2 tasse	de chapelure sèche (faite de pain complet)
2 c. à soupe	de farine complète (blé entier à pâtisserie, épeautre, riz ou autre)
2 c. à soupe	de persil frais haché
2 c. thé	de basilic séché
1 c. thé	d'origan séché
2 c. thé	de sauce Tamari
1 gousse	d'ail émincée
3/4 tasse	de coulis de tomate ou de sauce tomate

Préparation :

1- Préchauffer le four à 375°F. Faire suer l'oignon émincé dans une cuillerée à soupe d'huile d'olive.

2- Bien mêler le tofu émietté, l'oignon, la chapelure, la farine complète, le persil, l'origan, le basilic, l'ail et la sauce Tamari. Façonner des petites boulettes d'environ un pouce et demi de diamètre.

3- Avec le reste d'huile d'olive, huiler légèrement une plaque à biscuits et y déposer les boulettes. Cuire 40 minutes au four en retournant 2 fois. Servir nappé de coulis de tomates ou de sauce tomate.

☞ *Variante : **Spaghetti aux boulettes végétariennes***

On peut également servir ce plat comme sauce à spaghetti aux boulettes ; il suffit de la servir sur de belles pâtes de blé entier. Un régal !

Burger « petit gourmand » aux pois cassés

Qui n'aime pas un bon hamburger ? Voici une recette que j'ai mise au point spécialement pour vous.

Ingrédients :   Pour 12 burgers

1 tasse	de pois jaunes cassés
3 tasses	d'eau
1 c. à soupe	de sarriette séchée
1/2 c. thé	de poudre d'ail
Ou au lieu de ce qui précède	
2 tasses	de pois jaunes cuits
1/4 tasse	de chapelure sèche
1	pomme de terre moyenne râpée
1	carotte moyenne râpée
1/4 tasse	de graines de sésame rôties (sinon d'amandes crues moulues)
1	œuf battu
1 c. thé	de persil séché
1 c. thé	de basilic séché

Préparation :

1- Dans une casserole couverte, faire cuire les pois dans l'eau avec la sarriette et la poudre d'ail 45 minutes. Les pois se transformeront en purée. On peut également utiliser 2 tasses de pois déjà cuits.

2- Préchauffer le four à 350°F. Dans un grand bol, mettre les 2 tasses de pois jaunes cuits ou préparés, la chapelure sèche, la pomme de terre râpée, la carotte râpée, les graines de sésame (ou les amandes crues moulues), l'œuf battu, le persil et le basilic. Bien mêler avec une cuiller de bois.

3- Façonner 12 burgers à la main et les disposer sur une plaque légèrement huilée. Cuire au four 45 minutes.

☞ *Évidemment, vous pouvez manger ces burgers dans des petits pains de blé entier avec vos condiments favoris... Mais vous pourriez aussi les servir avec un beau coulis de tomates.*
Ces burgers sont également délicieux froids en sandwich, ou tels quels, comme un pain de viande.

Casserole de lentilles Émilie

Une bonne source de protéines, de légumes et même de produit céréalier, puisque le maïs est une céréale.

Ingrédients :   Pour 2 ou 3 portions

1 c. à soupe	d'huile d'olive de première pression à froid
1	oignon moyen en dés
2	carottes en dés
1	branche de céleri en dés
3^1/$_2$ tasses	de liquide (eau ou bouillon)
^{1}/$_2$ tasse	de lentilles triées et rincées
1 pincée	de sarriette
1	feuille de laurier
1 tasse	de maïs en grains (congelé ou frais)
2	gousses d'ail émincées
1 pincée	de cayenne (ou de poivre)
1 pincée	de muscade
1 pincée	de cannelle
1 c. table	de sauce Tamari
le zeste d'une orange (facultatif)	

Préparation :

1- Dans une grande casserole, faire tiédir l'huile d'olive. Ajouter les morceaux d'oignon, de carotte et de céleri et faire sauter 6 ou 7 minutes.

2- Ajouter l'eau ou le bouillon, les lentilles, la sarriette et la feuille de laurier. Couvrir et mijoter à feu moyen-doux 30 minutes.

3- Ajouter le maïs en grains, l'ail et les épices. Recouvrir et laisser mijoter 10 minutes de plus.

4- Au moment de servir, ajouter la sauce Tamari et (si vous le voulez) le zeste d'une orange.

☞ *Un plat santé, complet ... et bon marché !*

Casserole de lentilles Lustucru

Ce plat succulent, plein de protéines et de belles vitamines, pourra satisfaire même un appétit d'ogre !

Ingrédients :   **Pour 4 à 6 portions**

1 c. à soupe	d'huile d'olive de première pression à froid
1	gros oignon en dés
3	carottes en dés
3	branches de céleri en dés
1 ou 2	gousses d'ail émincées
1 1/4 tasse	de lentilles (vertes ou brunes) rincées et triées
4 tasses	de bouillon ou d'eau
1 boîte	(19 onces) de tomates avec leur jus
1 c. thé	de sarriette séchée
1 feuille	de laurier
4	pommes de terre pelées en gros dés
1 c. à soupe	de sauce Tamari

Préparation :

1- Dans une grande casserole, faire suer 5 minutes, à feu moyen, les dés d'oignon, de carotte et de céleri dans l'huile d'olive. Ajouter l'ail et cuire une minute de plus.

2- Ajouter les lentilles, le liquide, les tomates et leur jus, la sarriette ainsi que la feuille de laurier. Couvrir, réduire le feu et laisser mijoter 40 minutes.

3- Ajouter les pommes de terre, recouvrir et laisser cuire 20 minutes. Au moment de servir, retirer la feuille de laurier et ajouter la sauce Tamari.

☞ *Quelques légumes verts cuits ou en salade et voilà un repas bien équilibré.*

Chili végétarien

Le chili est un plat typique du Mexique qui fait fureur aux États-Unis. À l'origine, il est composé de haricots ou de lentilles et de bœuf, mais on peut tout aussi bien en faire une version végétarienne.

Ingrédients :   Pour 4 portions

1 c. à soupe	d'huile d'olive de première pression à froid
2	carottes coupées en dés
1	poivron vert coupé en dés
1	gros oignon coupé en dés
1 boîte	(540 ml) de tomates écrasées grossièrement avec leur jus
2	gousses d'ail émincées
1	feuille de laurier
une pincée de cayenne	
2 c. thé	d'assaisonnement de type «chili»
2 tasses	de fèves pinto égouttées (déjà cuites ou en conserve)
½ tasse	de lentilles orange
½ tasse	d'eau
1 c. à soupe	de sauce Tamari

Préparation :

1- Dans une grande casserole, faire revenir 10 minutes les carottes, le poivron et l'oignon dans l'huile d'olive.

2- Ajouter les tomates et leur jus, l'ail, la feuille de laurier, la pincée de cayenne, l'assaisonnement type « chili », les fèves pinto, les lentilles orange et l'eau. Couvrir et cuire 15 minutes à feu doux.

3- Au moment de servir, ajouter la sauce Tamari.

☞ *Ce plat se sert sur du riz; accompagné d'une salade, vous avez un repas digne du meilleur restaurant mexicain et tout à fait exempt de cholestérol.*

Frittata florentine aux légumes

La frittata est une omelette italienne ou, si vous préférez, une quiche sans pâte.

Ingrédients :   Pour 6 portions

2	oignons hachés
2 tasses	de champignons (ou de zucchini) tranchés finement
1	tomate tranchée
3½ tasses	d'épinards hachés
2 paquets	(450 ou 500 grammes) de tofu
½ tasse	de lait de soya nature
1 c. thé	de levure « Engévita »
2 c. à soupe	de fécule d'arrowroot
½ c.thé	de cardamome
½ c. thé	de muscade
½ c. thé	de basilic séché
1 c. thé	d'huile d'olive de première pression à froid

Préparation :

1- Préchauffer le four à 350°F. Faire suer l'oignon dans l'huile d'olive. Ajouter les champignons ou les zucchinis et faire sauter jusqu'à ce que les légumes soient tendres. Ajouter les épinards et retirer du feu.

2- Au robot ou au mélangeur, réduire en purée le tofu, le lait de soya, la fécule d'arrowroot, la levure ainsi que les épices et les aromates.

3- Ajouter les légumes, sauf la tomate, et verser dans un moule de 9 pouces légèrement huilé. Garnir avec les tranches de tomates.

4- Cuire au four 45 minutes. Laisser refroidir au moins 10 minutes ; servir en pointes.

☞ *Une belle salade, une tranche de pain complet, et voilà un repas succulent.*

Lasagne Louise

Cette recette m'a été donnée par ma bonne amie Louise... Un vrai régal !

Ingrédients :

1 paquet	de lasagne au blé entier ou à l'épeautre
1 sac	(10 onces) d'épinards frais
$^3/_4$ tasse	de fromage de chèvre râpé
2 tasses	de sauce tomate

Préparation :

1- Préchauffer le four à 350°F. Faire cuire les lasagnes selon les instructions de l'emballage.

2- Pendant ce temps, faire cuire les épinards à la vapeur 3 minutes.

3- Dans un plat allant au four, monter la lasagne comme suit. Commencer par $^1/_4$ tasse de sauce, une rangée de pâte, puis le tiers des épinards. Répéter. Terminer avec la sauce puis recouvrir du fromage râpé.

4- Cuire au four 20 minutes, puis mettre à griller (broil) 5 minutes.

☞ *Un plat facile à faire qui plaira à tous vos convives.*

Mon macaroni au gratin

Une recette pour deux.... mais, comme les enfants en raffolent, vous n'avez qu'à doubler les ingrédients. Votre petite famille sera ravie.

Ingrédients :   **Pour 2 portions**

1¹/₂ tasse	de macaronis complets (blé entier, épeautre, etc.)

Pour la sauce

¹/₂ tasse	de noix de cajou
¹/₂	poivron (préférablement rouge pour la couleur)
¹/₂	oignon en dés
2 c. à soupe	de levure « Engévita »
2 c. à soupe	de jus de citron frais
1	gousse d'ail émincée
2 c. à soupe	de sauce Tamari
1¹/₄ tasse	plus 2 cuillerées à table d'eau

Pour le gratin

3 c. à soupe	de chapelure ou de germe de blé
1 c. à soupe	de persil frais

Préparation :

1- Préchauffer le four à 350°F. Faire cuire les macaronis selon les indications de l'emballage.

2- Préparer la sauce comme suit. Mettre les noix de cajou au mélangeur et les réduire en poudre. Ajouter ensuite les autres ingrédients de la sauce et liquéfier, jusqu'à ce que le mélange soit homogène.

3- Réchauffer la sauce dans une casserole afin de la faire épaissir.

4- Mettre les macaronis dans un plat à gratiner, napper de sauce, recouvrir de chapelure (ou de germe de blé) et de persil. Cuire au four 15 minutes.

☞ *Une autre version «santé» d'un plat toujours apprécié.*

Pain de viande (sans viande) ABC

D'où vient ce nom ? C'est que ce plat regorge de vitamine A qu'on retrouve dans les carottes, de vitamine du complexe B, dans le riz complet, et de vitamine C dans le poivron vert.

Ingrédients :   Pour 6 à 8 portions

3	carottes râpées
1	oignon émincé
1	poivron vert en petits dés
1/2 tasse	de graines de tournesol nature
1/2 tasse	d'amandes ou de noix de Grenoble
2	œufs
1 c. thé	de sauce Tamari
2 c. à soupe	de levure «Engévita» (facultatif)
1/4 c. thé	de basilic séché
1/4 c. thé	d'origan séché
1 tasse	de riz brun cuit

Préparation :

1- Préchauffer le four à 350°F. Dans un moulin à café, moudre les graines de tournesol et les amandes (ou les noix de Grenoble).

2- Battre légèrement les œufs. Ajouter la sauce Tamari, la levure, le basilic et l'origan. Ajouter ensuite les noix et les graines, puis les légumes et finalement le riz.

3- Déposer dans un moule légèrement huilé de 9 pouces sur 5 pouces. Cuire au four 30 minutes.

☞ *Vous avez 3 légumes, des protéines, des produits céréaliers... Il ne vous manque qu'une belle salade fraîche.*
En passant, ce pain de viande est délicieux chaud ou froid.

Pesto al' Basilico

Voici une recette qui vient tout droit du pays de mes grands-parents, l'Italie. Sur des linguini, c'est un vrai régal.

Ingrédients :   **Pour 4 portions**

1 tasse	de basilic frais haché (ou 2 c. à soupe de basilic séché)
4	gousses d'ail écrasées
6	amandes
1/3 tasse	d'huile d'olive de première pression à froid
1/2 c. thé	de sel de mer
Facultatif	
1 c. à soupe	de fromage Romano ou Soyco râpé

Préparation :

1- Combiner tous les ingrédients et le fromage (facultatif) dans le mélangeur et liquéfier.

2- Servir sur des pâtes complètes (blé entier, épeautre, quinoa, etc.) cuites selon les instructions de l'emballage.

☞ *En Italie, on mêle une partie de la sauce avec les pâtes avant de les servir ; ainsi elles prennent bien la saveur de la sauce.*

Cette sauce Pesto peut également faire vos délices sur du poulet, des légumes ou du poisson.

Pot-au-feu aux lentilles

Six beaux légumes, pleins de protéines et de fibres, tout ça dans une seule casserole.

Ingrédients :   Pour 4 ou 5 portions

2 tasses	de lentilles brunes cuites ou en conserve
1 c. à soupe	d'huile d'arachide ou d'olive de première pression à froid
1	oignon moyen émincé
4	carottes tranchées
2	branches de céleri en tranches
1	gousse d'ail émincée
1/2	pomme pelée coupée en dés
2 tasses	d'eau
1	zucchini tranché
1 tasse	de haricots verts congelés
2 c. thé	de sauce Tamari
2 c. à soupe	de persil frais haché
2 c. à soupe	d'amandes effilées (facultatif)
poivre ou cayenne au goût	

Préparation :

1- Dans l'huile d'arachide (ou d'olive), faire suer l'oignon ainsi que les tranches de carotte et de céleri 5 minutes. Ajouter l'ail et laisser suer une minute de plus.

2- Ajouter les lentilles cuites, la demi-pomme en dés et l'eau. Amener à ébullition, couvrir, réduire le feu et mijoter 10 minutes.

3- Ajouter le zucchini tranché, les haricots verts et cuire 7 minutes.

4- Au moment de servir, ajouter la sauce Tamari, le persil, les amandes (facultatif), le poivre ou le cayenne au goût.

☞ *Avec une portion de céréales ou une belle tranche de pain complet, voilà un repas réconfortant et bien équilibré.*

Quiche à l'oignon Idéale

En plus d'être délicieuse, cette quiche est faite sans produit laitier, sans œuf et sans cholestérol... Mais quel petit goût du tonnerre !

Ingrédients :   **Pour 4 portions**

1	abaisse de tarte crue (maison ou du commerce)
2	oignons moyens hachés ou en fines lamelles
1 c. à soupe	d'huile d'arachide de première pression à froid
1 c. à soupe	d'eau
2 tasses	de tofu émietté bien tassé
1/2 c. à soupe	de sel de mer
1 c. à soupe	d'estragon (ou d'aromate à votre choix) séché
1 c. à soupe	de sauce Tamari
1/8 c. à soupe	de curcuma
1/4 à 1/2	tasse d'eau

Préparation :

1- Préchauffer le four à 350°F. Préparer la garniture comme suit. Faire dorer les oignons hachés ou en lamelles dans l'huile environ 15 minutes. Ajouter la cuillerée à soupe d'eau, couvrir et laisser cuire 5 minutes de plus.

2- Pendant ce temps, liquéfier au mélangeur les 2 tasses de tofu émietté, les épices, les aromates et la sauce Tamari, ainsi qu'un quart de tasse d'eau. La préparation doit être bien lisse ; au besoin ajouter un peu plus d'eau.

3- Ajouter les oignons à la main et mettre le tout dans l'abaisse. Cuire au four 35 minutes. Laisser reposer 10 minutes avant de servir.

☞ *Accompagné d'une belle salade verte, voilà un repas complet. Vous pouvez utiliser la recette « La pâte à tarte de Lyne » ou encore la « Croûte super-facile ».*

119

Accompagnements excitants

Aspic du printemps

L'hiver est parfois bien long... ce plat mettra du soleil dans votre cuisine !

Ingrédients :   **Pour 6 portions**

2 tasses	de jus de carotte (à l'extracteur ou du commerce.) À la rigueur on peut prendre du jus de légumes.
2 tasses	d'eau
$3/4$ tasse	de flocons d'agar-agar
$1/2$ tasse	de céleri en dés
$1/2$ tasse	de carottes en dés
$1/2$ tasse	d'oignons verts en rondelles
$1/2$ tasse	de petits pois verts
1 c. à soupe	de persil séché
1 c. thé	de basilic ou d'estragon séché
1 c. thé	de sel de mer (facultatif)
2 c. à soupe	de jus de citron frais

Préparation :

1- Dans une casserole, mettre le jus de carotte (ou de légumes), l'eau et l'agar-agar. Bien remuer et laisser tremper 10 minutes, le temps de préparer les légumes.

2- Ajouter les carottes, le céleri, les aromates et le sel. Porter à ébullition et mijoter à découvert de 12 à 15 minutes.

3- Retirer du feu, ajouter le jus de citron, les oignons verts et les petits pois ; puis transvider dans un moule légèrement huilé.

4- Mettre au réfrigérateur; votre aspic sera « pris » au bout de 2 heures environ. Servir sur une belle feuille de verdure.

☞ *L'« agar-agar », qu'on appelle aussi "gélose", est une algue tout à fait naturelle qui a des propriétés similaires à la gélatine. On la retrouve sous diverses formes dans les magasins d'aliments naturels; celle en flocons est la plus facile à utiliser.*

Chow Mein à la Chang-Hai

Le Chow Mein est un plat chinois bien connu ; cette version « santé » ne laisse pas sa place. Voici donc une nouvelle façon de présenter vos légumes à l'orientale.

Des baguettes, un bol de riz complet, du thé au jasmin, et voilà un repas chinois du tonnerre.

Ingrédients :   Pour 4 portions

1 c. à soupe	d'huile d'arachide de première pression à froid
1 ½ tasse	de céleri finement tranché en diagonale
1 tasse	d'oignons émincés
1 tasse	de poivron vert émincé ou de champignons tranchés
1	gousse d'ail émincée
1 tasse	d'eau
2 c. thé	de sauce Tamari
1 c. thé	d'arrowroot (ou de fécule de maïs)
1 tasse	de germes de soya (ou de mung)
Facultatif	
¾ tasse	de poulet cuit ou de tofu en cubes

Préparation :

1- Dans une casserole, faire suer 15 minutes le céleri, l'oignon et le poivron vert ou les champignons dans l'huile d'arachide. Ajouter la gousse d'ail et faire cuire 1 minute de plus.

2- Ajouter l'eau, la sauce Tamari, l'arrowroot ou la fécule de maïs, et porter à ébullition en remuant constamment. Ajouter les germes de soya ou de mung et, si vous le désirez, le poulet ou les cubes de tofu. Réduire le feu et cuire 4 ou 5 minutes.

☞ *Dans les magasins asiatiques, on trouve des champignons chinois séchés délicieux; vous pouvez vous en servir dans cette recette, mais ne les ajoutez qu'à la seconde étape, en même temps que l'eau.*

Courgettes Colombine

Un plat de courgettes farcies qui ravira votre petit monde.

Ingrédients :   **Pour 6 portions**

3	grosses courgettes (zucchini)
1	oignon en dés
1	poivron en dés (rouge ou vert, au choix)
1/2 tasse	de tomates fraîches en dés
1 tasse	de bouillon dégraissé (ou de jus de tomates)
1/2 c. thé	d'origan séché
1/2 c. thé	de basilic séché
1	gousse d'ail hachée
1 c. à soupe	de sauce Tamari
1 c. à soupe	d'huile d'olive de première pression à froid
1 tranche	de pain complet sec (ou rôti) émiettée

Préparation :

1- Préchauffer le four à 350°F. Couper les courgettes en deux dans le sens de la longueur, les évider à la cuiller en laissant une bordure d'environ 1/4 de pouce. Couper la chair en dés et réserver.

2- Dans un grand chaudron, laisser tiédir l'huile, ajouter les morceaux d'oignon ou de poivron et faire suer 5 minutes. Ajouter les tomates, la chair de zucchini et l'ail ; mélanger et cuire une minute de plus.

3- Ajouter alors les épices, la sauce Tamari et 1/4 de tasse du bouillon ou du jus. Cuire 10 minutes.

4- Farcir les barquettes de zucchini de ce mélange, les placer dans un plat allant au four et verser le reste du liquide autour. Saupoudrer les zucchini de pain émietté. Cuire au four de 20 à 25 minutes.

☞ *Servir ce plat avec une protéine et une belle salade, le tour est joué !*

Crêpes Bangkok à la thaïlandaise

La Thaïlande, qu'on appelait anciennement le Siam, est réputée pour sa cuisine savoureuse et raffinée. Voici un accompagnement qui ravira les palais les plus capricieux.

Ingrédients :   Pour 4 crêpes

³/₄ tasse	de farine de riz
³/₄ tasse	de farine de blé entier « à pâtisserie » ou d'épeautre
1 c. thé	d'huile de sésame de première pression à froid
¹/₂ c. thé	de sel de mer
1	gros œuf battu
6	oignons verts tranchés
1 c. à soupe	(au besoin) d'huile d'arachide de première pression à froid

Préparation :

1- Dans un bol, verser la farine de riz et la farine de blé (ou d'épeautre). Incorporer lentement la tasse d'eau, en brassant jusqu'à ce que la pâte soit très lisse. Ajouter le sel et l'huile de sésame et brasser à nouveau. Ajouter l'œuf battu et les oignons verts et brasser encore. Couvrir, réserver et laisser reposer au moins 30 minutes.

2- Après ce temps, huiler légèrement un poêlon avec un peu d'huile d'arachide. Verser le quart du mélange au poêlon, façonner une crêpe et la cuire à feu moyen 3 ou 4 minutes, jusqu'à ce qu'elle soit bien dorée. La retourner avec une spatule et faire dorer l'autre côté 2 ou 3 minutes.

3- Procéder de la même manière pour les autres crêpes, en ajoutant un soupçon d'huile d'arachide entre chacune, au besoin.

☞ *Servir avec une salade et une protéine. C'est délicieux tel quel ou avec un coulis de tomates.*

Gratin tête-à-tête

Voici un repas délicieux pour votre prochain dîner en tête-à-tête... mais rien ne vous empêche de doubler les quantités et de régaler votre petite famille.

Ingrédients :   **Pour 2 portions**

1 c. thé	d'huile d'arachide de première pression à froid
1 tasse	de champignons tranchés (ou de zucchini)
$\frac{1}{2}$ tasse	de poivron haché
$\frac{1}{2}$ tasse	d'oignon haché
1	gousse d'ail émincée
1 c. à soupe	d'eau
4	tranches de pain complet émiettées à la main
1	œuf
4 c. à soupe	de fromage Romano (ou de Soyco) râpé
$\frac{3}{4}$ tasse	de tofu émietté
sel de mer et poivre, au goût	

Préparation :

1- Préchauffer le four à 350°F. Dans un grand poêlon, faire suer dans l'huile les champignons ou le zucchini, le poivron, l'oignon, l'ail et la cuillerée d'eau.

2- Retirer du feu et ajouter le pain émietté. Couvrir et laisser gonfler 10 minutes.

3- Ajouter l'œuf battu, 3 c. à soupe de Romano (ou de Soyco) et le tofu émietté; assaisonner de sel et de poivre. Verser cette préparation dans un plat huilé allant au four.

4- Saupoudrer d'une cuillerée à soupe de Romano (ou de Soyco) et cuire au four 20 minutes.

☞ *Le « Soyco » est une préparation à base de soya, ressemblant à s'y méprendre à du fromage en poudre. Vous le trouverez dans votre magasin d'aliments naturels.*

Légumes à la sauce aux arachides

Voici un plat complet, prêt en 30 minutes. Les arachides, des légumineuses, fournissent les protéines. Si vous êtes intolérants à celles-ci, vous n'avez qu'à les remplacer par des amandes.

Ingrédients :   Pour 3 ou 4 portions

2	grosses pommes de terre (ou 3 moyennes) en morceaux d'un pouce
2	carottes en tranches d'un pouce
1	poivron rouge (ou vert) en lamelles
1	poignée de haricots verts
1	zucchini tranché
Pour la sauce	
1 tasse	d'eau ou de bouillon
½ tasse	de beurre d'arachide nature (ou de beurre d'amandes)
1	gousse d'ail émincée
1 c. à soupe	de sauce Tamari
¼ c. thé	de cayenne (ou moins, au goût)
Pour la présentation	
¼ tasse	d'arachides (ou d'amandes) grossièrement hachées

Préparation :

1- Faire cuire les légumes 20 minutes à la vapeur. On peut également choisir d'autres légumes.

2- Pendant ce temps, préparer la sauce. Dans une casserole, mélanger l'eau (ou le bouillon), le beurre d'arachide (ou d'amandes), l'ail, la sauce Tamari et le cayenne. Chauffer à feu moyen en remuant, porter à ébullition, réduire le feu et cuire 6 minutes de plus.

3- Verser la sauce sur les légumes cuits et saupoudrer de morceaux d'arachides ou d'amandes pour décorer.

☞ *Un met savoureux d'influence séchouanaise qui fera le bonheur de votre petit monde.*

Poivrons farcis à la méridionale

Un plat toujours appétissant.

Ingrédients :   **Pour 4 portions**

4	poivrons lavés, épépinés
1 1/2 tasse	d'eau bouillante environ
Pour la farce	
4 tasses	de cubes de pain complet (sec ou non)
1/2 c. thé	de thym séché
1/2 c. thé	de sarriette séchée
1 c. à soupe	de persil frais
1/2 c. thé	de sel de mer
3 c. à soupe	d'huile d'arachide (ou d'olive) de première pression à froid
1/2 tasse	d'oignon haché fin
1/2 tasse	de céleri haché fin
1/4 tasse	de pomme en petits dés (facultatif, mais si bon!)
1/2 tasse	de germe de blé ou de noix hachées
2 c. à soupe	de sauce Tamari
poivre au goût	
Au choix	
Coulis de tomate ou sauce à votre goût	

Préparation :

1- Préchauffer le four à 350°F. Dans un bol, bien mêler tous les ingrédients de la farce.

2- Découper la calotte des poivrons, les évider puis les farcir du mélange.

3- Disposer les quatre poivrons farcis dans un plat allant au four et verser 1 1/2 pouce d'eau bouillante au fond du plat.

4- Faire cuire au four 45 minutes. Servir avec la sauce ou le coulis de tomate.

☞ *Accompagné d'une belle salade, quel repas appétissant !*

Poivrons tricolores marinés

Pour soi... ou pour offrir en cadeau.

Ingrédients :   **Pour 1¹/₄ tasse**

4	poivrons verts
1	poivron rouge
1	poivron jaune
1 c. à soupe	de sel de mer
1 tasse	d'huile d'olive de première pression à froid
12 grains de poivre noir	

Préparation :

1- Épépiner les poivrons et les découper en lanières d'un demi-pouce de largeur environ.

2- Les placer dans un grand plat de verre ou de porcelaine (mais pas de métal) ; saupoudrer de sel de mer, remuer, couvrir et laisser « cuire » au réfrigérateur toute la nuit (8 heures environ).

3- Éponger soigneusement les morceaux de poivron, les mettre dans des pots stérilisés, bien tassés, les couvrir d'huile d'olive et ajouter les grains de poivre. Fermer les pots bien hermétiquement. Conserver au réfrigérateur.

☞ *En Italie, cette recette est un classique. On peut manger cette marinade telle quelle... en sandwich sur du pain complet, « Mamma mia » !*

Pommes de terre à la grecque

Dans les restaurants, c'est toujours un régal... mais attendez de goûter à ma version « santé » !

Ingrédients :   Pour 4 portions

4	grosses pommes de terre (type nouvelles) lavées, brossées et coupées en morceaux d'environ $1/2$ pouce d'épaisseur
1 c. à soupe	d'huile d'arachide de première pression à froid
4 gousses	d'ail non pelées
$1/4$ c. thé	de sel de mer
une pincée	de romarin séché
une pincée	d'origan séché
Pour la sauce	
1 c. à soupe	d'huile d'olive de première pression à froid
$1\,1/2$ c. thé	de vinaigre de cidre de pomme
$1/4$ c. thé	de poivre (ou de cayenne)
2	oignons verts hachés

Préparation :

1- Préchauffer le four à 450°F. Dans un grand bol, mêler les morceaux de pommes de terre, la cuillerée à soupe d'huile d'arachide, les gousses d'ail et le sel de mer.

2- Déposer le tout dans une lèchefrite et saupoudrer le romarin et l'origan.

3- Mettre au four de 30 à 40 minutes ; remuer de temps à autre.

4- Préparer la sauce comme suit : mélanger l'huile d'olive, le vinaigre de cidre de pomme, le poivre (ou le cayenne) et les oignons verts hachés.

5- Lorsque les pommes de terre sont tendres et dorées, les retirer du four. Retirer l'ail, l'écraser et mélanger (au goût). Napper de sauce et servir.

☞ *À quoi bon sortir quand on peut se préparer ce délice pour quelques sous à la maison ?*

Pommes de terre...

et pommes des airs

Un gratin délicieux qui accompagnera vos meilleurs plats.

Ingrédients :   **Pour 6 portions**

1 c. à soupe	d'huile d'arachide de première pression à froid
2	grosses pommes pelées, épépinées et tranchées mince
6 tasses	de pommes de terre pelées et tranchées minces
1	oignon haché
1 tasse	de lait de soya nature, chaud (mais pas bouillant)
une pincée	de muscade fraîchement râpée
sel de mer et poivre au goût	

Préparation :

1- Préchauffer le four à 350°F. Huiler légèrement un moule de 8 ou 9 pouces avec l'huile d'arachide.

2- Disposer la moitié des pommes de terre (3 tasses) au fond du moule, saler, poivrer.

3- Mettre par-dessus la moitié de l'oignon et des pommes.

4- Ajouter le reste des pommes de terre, saler, poivrer, et mettre par-dessus le reste d'oignon et de pommes, en respectant l'ordre.

5- Bien presser dans le moule, puis verser le lait de soya chaud et saupoudrer de muscade. Cuire au four une heure.

☞ *Tout simplement délicieux !*

132

Pommes de terre Rissolées-Soleil

Un accompagnement que tout le monde aimera.

Ingrédients :   **Pour 4 portions**

3	pommes de terre coupées en morceaux (quartiers ou petits cubes, au choix), pelées ou non
1 c. thé	d'huile d'arachide de première pression à froid
2 c. thé	de paprika
une pincée de sel de mer	
environ ³⁄₄ tasse d'eau	

Préparation :

1- Dans un poêlon antiadhésif, faire revenir les morceaux de pommes de terre dans l'huile d'arachide à feu moyen, 2 ou 3 minutes.

2- Saupoudrer de paprika et d'un peu de sel. Ajouter l'eau, mais sans recouvrir complètement les pommes de terre. Couvrir et cuire à feu moyen 20 minutes.

3- En fin de cuisson, retourner pour dorer l'autre côté.

☞ *Le paprika aide à donner une belle couleur dorée aux pommes de terre, sans gras.*

Purée de millet

Le millet est une céréale méconnue ; pourtant, c'est la céréale la mieux équilibrée en ce qui a trait aux acides aminés essentiels. De plus, elle regorge de phosphore, de fer, de potassium et de silice.

Ingrédients :   **Pour 3 ou 4 portions**

1 tasse	de millet rincé
3 tasses	d'eau
1 pincée	de sel de mer
1	oignon vert haché fin (ou 1 c. thé de ciboulette)
1 c. thé	de sarriette séchée
$1/4$ c. thé	de muscade (ou moins, au goût)
1 c. à soupe	de beurre ou d'huile d'olive de première pression à froid
2 c. à soupe	de lait de soya nature

Préparation :

1- Dans une casserole, amener à ébullition le millet, l'eau et le sel. Couvrir, réduire le feu et laisser mijoter à feu doux 20 minutes, en remuant de temps à autre.

2- Lorsque c'est cuit, ajouter l'oignon vert (ou la ciboulette), la sarriette, la muscade, le beurre (ou l'huile d'olive) et le lait de soya. Écraser au pilon à purée.

☞ *Avec cet accompagnement délicieux et nourrissant, vous avez une bonne portion de céréale. Une protéine, de beaux légumes et voilà !*

Riz aux légumes Arlequin

Cette recette fait un accompagnement délicieux... mais elle peut aussi composer un repas complet ; il suffit de la présenter avec une belle salade.

Ingrédients :   Pour 2 ou 3 portions

1 tasse	de riz complet
2¼ tasses	d'eau
3	carottes pelées et tranchées
1	bouquet de brocoli
9	asperges
1	oignon haché
2 c. thé	de persil séché
2 c. à soupe	de sauce Tamari
Poivre ou cayenne au goût	
1 c. à soupe	d'huile d'olive de première pression à froid
1 gousse	d'ail émincée
au goût, davantage de sauce Tamari	

Préparation :

1- Séparer la tige du brocoli des fleurets, la peler et la trancher. Séparer puis trancher la partie dure et coriace des pointes d'asperges. Réserver les fleurets de brocoli et les pointes d'asperges.

2- Dans une grande casserole, combiner le riz complet, l'eau, les morceaux de carottes, la tige tranchée du brocoli, les morceaux de la partie dure des asperges, le persil, les deux cuillerées à soupe de sauce Tamari, et le poivre (ou le cayenne). Porter à ébullition. Couvrir, réduire le feu et mijoter 30 minutes.

3- Ajouter les fleurets de brocoli, les pointes d'asperges, couvrir et laisser mijoter 10 minutes de plus.

4- Juste avant de servir, ajouter l'huile d'olive, une gousse d'ail émincée, de la sauce Tamari au goût et remuer 30 secondes sur le feu.

☞ *Savez-vous que le riz complet est une excellente source de niacine, de potassium, de phosphore, de fer et de calcium ?*

Barquettes aux courgettes

Ces zucchinis farcis se font en quelques minutes... Et croyez-moi ils ne restent pas très longtemps sur la table !

Ingrédients :   **Pour 4 personnes**

4	petites courgettes (on les appelle souvent zucchini)
2	carottes pelées
1	branche de céleri
2	oignons verts
³/₄ tasse	de riz
1 ¹/₂ tasse	d'eau
sel de mer, cayenne ou poivre au goût	

Préparation :

Faire cuire le riz dans une tasse et demie d'eau ; porter à ébullition, couvrir et laisser mijoter à feu doux 40 minutes.

Couper les carottes et le céleri en petits dés et les cuire à la vapeur de 10 à 12 minutes.

Évider vos zucchini à la cuiller ou à la parisienne (c'est la cuiller avec laquelle on fait les petites boules de melon). Réserver la chair.

Mélanger les légumes et les ingrédients qui restent avec la chair des courgettes et farcir les barquettes de ce mélange. Assaisonner de sel et de cayenne au goût.

Cuire au four préchauffé à 350°F pendant 15 minutes.

☞ *Ce plat se sert chaud ou froid ; dans ce cas, on l'accompagne d'une vinaigrette.*

Aspic aux carottes

Un accompagnement délicieux et plein de fraîcheur dont vos invités vous parleront longtemps.

Ingrédients :

1	carotte tranchée (grosseur moyenne)
1 tasse	d'eau
3/4 tasse	de légumes verts en morceaux (cresson, chou, chou frisé, mais pas d'épinards)
1	autre tasse d'eau
3 1/2 tasses	de flocons d'agar-agar,
3/4 tasse	de zeste de citron (pelure râpée)
3	radis coupés en tranches minces

Préparation :

Cuire la carotte dans une tasse d'eau de 8 à 10 minutes, jusqu'à ce qu'elle soit tendre. Passez la carotte et l'eau de cuisson au mélangeur.

Amener l'autre tasse d'eau à ébullition, ajouter les légumes verts et l'agar-agar ; faire mijoter de 5 à 8 minutes, jusqu'à ce que les légumes soient tendres. Ajouter les radis et le zeste de citron, et laisser mijoter une minute de plus.

Combiner tous les ingrédients et mettre le mélange dans un bol creux ou un moule à aspic pour le faire prendre. Réfrigérer jusqu'au moment de servir.

Mes crêpes aux patates

Une recette simple, facile et très économique, mais quel régal !

Ingrédients :

Donne 6 crêpes

2	patates râpées
4 c. à soupe	de farine de blé entier
¹/₄ de tasse	de lait de soya
1 ou 2	oignons verts hachés
1 pincée	de cayenne (ou de poivre noir)
	sel de mer au goût
1 c. à soupe	d'huile d'arachide (première pression à froid)

Préparation :

Râper les pommes de terre, puis mélanger ensemble tous les ingrédients. À feu moyen, dans un grand poêlon au fini antiadhésif, déposer 6 boulettes de pâte. Attendre une minute.

Aplatir les boulettes à l'aide d'une spatule. Cuire de 12 à 15 minutes de chaque côté, jusqu'à ce qu'elles soient croustillantes à l'extérieur mais tendres à l'intérieur.

☞ *Ce plat fait un accompagnement tout simplement délicieux. Préparez-en assez, on vous en redemandera.*

Galettes « Patati-carotta »

Une autre recette facile, nourrissante, qui ne fera pas de trou dans votre budget !

Ingrédients :   **15 ou 16 crêpes (4 portions)**

4	grosses carottes pelées et râpées grossièrement
2	grosses pommes de terre, pelées et râpées grossièrement
1 c. à soupe	de farine de blé entier (à pâtisserie)
1	gros œuf battu
1 c. thé	de sel de mer
1 c. thé	d'origan séché
une pincée	de muscade
une pincée	de poivre
1 c. à soupe	d'huile d'arachide (première pression à froid)

Préparation :

Dans un grand bol, mélanger les pommes de terre, la carotte, la farine, l'œuf, les épices et les aromates.

Avec un peu d'huile d'arachide, huiler légèrement un poêlon ou une crêpière. À l'aide d'une grosse cuillère, verser un peu du mélange à 2 ou 3 endroits ; aplatissez-les légèrement avec la spatule au besoin.

Faire cuire à feu moyen d'un côté 3 ou 4 minutes, jusqu'à ce que le dessous commence à brunir, puis retourner et faire dorer l'autre côté. Procéder de même jusqu'à ce qu'il ne reste plus de mélange.

☞ *Égoutter les crêpes sur un essuie-tout et servir chaud. Avec une salade verte, vous avez un autre repas facile à faire et bien balancé... Et chaque galette ne contient que 25 calories !*

Croquettes de riz

La prochaine fois que vous ferez cuire du riz, faites-en deux tasses de plus ; vous pourrez faire ces délicieux « burgers » en un rien de temps.

Ingrédients :   Donne 6 croquettes

2 tasses	de riz cuit
3 c. à soupe	d'huile d'arachide (première pression à froid)
$1/2$ tasse	de carottes en petits dés
$1/2$ tasse	d'oignon haché finement
$1/2$ tasse	de céleri haché en petits morceaux
$1/4$ c. thé	de thym
$1/4$ c. thé	de persil
$1/4$ c. thé	d'aneth
2 gousses	d'ail émincées
1 c. thé	de sauce « tamari »
1 c. à soupe	de « tahini » (magasin de produits naturels)
un peu de farine (de blé entier)	

Préparation :

Dans un poêlon, verser 1 c. à soupe l'huile d'arachide et faire cuire les carottes, les oignons et le céleri de 10 à 15 minutes, jusqu'à ce qu'ils soient tendres. Ajouter alors le thym, le persil, l'aneth, l'ail et cuire une minute de plus. Réserver.

Écraser au pilon à pommes de terre les deux tasses de riz cuit. Ajouter les légumes cuits, la sauce « tamari » et le « tahini ». Bien mélanger.

Avec les mains, façonner 6 belles boulettes et les passer dans un peu de farine de blé entier. Cuire au poêlon dans 2 c. à soupe d'huile d'arachide jusqu'à ce que les boulettes soient bien dorées, environ 3 à 5 minutes par côté.

☞ *Voilà un délicieux burger... que vous pouvez manger tel quel ou encore apprêter à votre goût (végé-burger dans un pain de blé entier, etc.)*

On peut remplacer le riz par une autre céréale ou une légumineuse.

Pilaf surprise au citron

Laissez-vous donc « surprendre » par ce mets principal délicieux... qui peut être aussi une farce ou accompagnement merveilleux pour la volaille, le poisson ou un plat végétarien.

Ingrédients :   Pour 4 portions

¹/₂ tasse	d'oignon haché
¹/₂ tasse	de céleri haché
1 tasse	de riz complet
2 ³/₄ tasses	de liquide (eau, bouillon de légumes ou de poulet dégraissé)
1 c. à soupe	d'huile d'arachide (première pression à froid)
2 c. à soupe	de jus de citron frais
le zeste	d'un citron (haché fin)
¹/₄ tasse	d'abricots secs hachés
2 c. à soupe	persil frais haché

Préparation :

Dans une grande casserole, faire revenir légèrement l'oignon et le céleri ; 3 minutes suffisent. Ajouter le riz, le bouillon (ou le liquide), le jus de citron, la moitié du zeste de citron et les abricots.

Porter à ébullition puis couvrir et laisser mijoter à feu doux de 40 à 45 minutes.

Au moment de servir, ajouter le reste du zeste de citron râpé et le persil frais.

☞ *Cette recette légèrement citronnée est particulièrement appréciée... L'été, impossible d'y résister.*

Le riz « pilaf » est originaire de Turquie ; dans ce pays chaud, on y ajoute beaucoup d'épices, des coquillages, du mouton, du poulet, du poisson et des légumes. À l'origine, on le préparait à l'extérieur pour ne pas réchauffer les maisons.

Mes frites « régal »

Si vous êtes comme moi et aimez les frites, vous raffolerez de cette recette sans friture... Faites-en assez car elles partent vite.

Ingrédients :   **Pour 4 portions**

1 livre   de pommes de terre sel de mer et poivre au goût persil ou romarin (facultatif)

Préparation :

Préchauffer le four à 400°F.

Peler les pommes de terre (si on le désire) et les couper en julienne. Les rincer à plusieurs reprises dans de l'eau froide, jusqu'à ce que l'eau reste claire lorsqu'on l'agite. Ceci enlève le surplus d'amidon et accélère la cuisson.

Bien égoutter les pommes de terre et les éponger avec des essuie-tout jusqu'à ce qu'elles soient complètement asséchées.

Lorsque les pommes de terre sont parfaitement sèches, les étendre sur une plaque à biscuits, en veillant à ce qu'il n'y en ait qu'une seule couche. Saupoudrer d'un soupçon de sel de mer et de poivre au goût ; si on le désire, on peut aussi saupoudrer un peu d'aromate, comme du romarin ou du persil.

Faire cuire au four de 12 à 15 minutes, retourner les frites pour qu'elles dorent des deux côtés puis remettre au four de 12 à 15 minutes de plus, jusqu'à ce qu'elles prennent une belle couleur dorée et appétissante.

Le temps de cuisson peut varier selon la grosseur de vos frites.

☞ *Des frites sans gras... Un rêve !*

Sauté de brocoli « amandine »

Un plat super facile à préparer qui séduit par son petit goût fin et légèrement « oriental ».

Ingrédients :   **Donne 4 portions**

1	bouquet de brocoli
2 c. à soupe	d'huile d'arachide (première pression à froid)
2	oignons moyens coupés en lamelles
2 ¹/₂ tasses	de carottes en tranches
¹/₂ tasse	d'amandes crues entières
1 c. thé	de gingembre moulu (du frais si possible)
2 c. à soupe	de sauce « tamari »
1 ¹/₂ tasse	de riz complet (« basmati » ou autre) cuit
une pincée de poivre blanc au goût (facultatif)	

Présentation :

Couper les fleurets de brocoli en petits morceaux et les tiges en lamelles. Dans un grand poêlon ou un « wok », chauffer l'huile d'arachide puis ajouter le brocoli, les carottes, les oignons et les amandes.

Faire revenir à feu moyen quelques minutes, jusqu'à ce que les légumes soient cuits mais encore bien croquants. Pendant ce temps, mêler ensemble le gingembre et le « tamari », puis ajouter ce mélange aux légumes. Vérifier l'assaisonnement ; au besoin, ajouter un soupçon de poivre blanc et quelques gouttes de plus de « tamari ».

Servir sur un lit de riz.

☞ *Ce plat constitue un repas complet puisqu'il contient des protéines, des légumes et un produit céréalier... Le tout pour 290 calories par portion, 8 grammes de protéines, pas une miette de cholestérol et un petit goût du tonnerre.*

Chou-fleur au gratin

On peut bien sûr remplacer le chou-fleur par du brocoli ou n'importe quel autre légume de votre choix.

Ingrédients :   **Pour 4 à 6 personnes**

1	beau gros chou-fleur (ou 2 petits)
2 c. à soupe	de farine de blé entier
1 c. à soupe	d'huile d'arachide (première pression à froid)
1 tasse	de lait de soya nature
$1/4$ c. thé	de noix de muscade râpée
2	clous de girofle
2 c. à soupe	de graines de sésame
sel de mer	(au goût)

Préparation :

Préchauffer le four à 400°F.

Laver le chou-fleur. Dans un couscoussier ou une marguerite, le faire cuire à la vapeur 10 minutes.

L'égoutter et le mettre dans un plat allant au four.

Préparer une « béchamel » (en mélangeant bien la farine, l'huile et le lait de soya ensemble). Y ajouter la muscade, les clous de girofle et le sel de mer.

Verser cette sauce béchamel sur le chou-fleur, étendre les graines de sésame dessus et faire gratiner au four environ 15 minutes, jusqu'à ce que le plat prenne une belle couleur dorée.

Servir bien chaud.

☞ *C'est une excellente façon d'apprêter vos légumes de manière appétissante et santé à la fois, puisque ce plat ne contient absolument pas de cholestérol.*

Mini-crêpes au maïs « Bornéo »

Cette appétissante recette qui nous vient d'Indonésie fait un accompagnement parfait pour vos plats de poulet, de poisson ou de viande préférés... Les enfants en raffolent.

Ingrédients :   **Pour 4 portions**

1 ¹/₂ tasse	de grains de maïs (en conserve ou congelés et décongelés — vérifier qu'ils ne contiennent pas de sucre)
1	petit oignon haché fin
1	gousse d'ail écrasée
2 c. à soupe	de céleri haché finement
2 c. à soupe	de poivron rouge ou vert finement haché
1 pincée	de sel de mer
1 pincée	de poivre noir
1	œuf battu
2 c. à soupe	de farine de blé entier (à pâtisserie)
1 pincée	de poudre à pâte
4 c. à soupe	d'eau
1 c. à soupe	d'huile d'arachide (première pression à froid)

Préparation :

Mêler tous les ingrédients sauf l'huile d'arachide ; huiler le fond d'un poêlon avec celle-ci, et faire chauffer à feu moyen.

Lorsque le poêlon est chaud, déposer une cuillerée à soupe du mélange à 3 ou 4 endroits, selon la grandeur du poêlon. Laisser assez d'espace entre chaque cuillerée pour ne pas que les mini-crêpes collent ensemble. Faire cuire jusqu'à ce que le dessous commence à brunir légèrement et que le mélange se tienne.

À l'aide d'une spatule, retourner les mini-crêpes pour faire dorer l'autre côté, puis les retirer du poêlon et les garder au chaud. Faire cuire le reste du mélange de la même manière, en huilant le poêlon au besoin.

☞ *Ces mini-crêpes contiennent des céréales (le maïs et la farine), trois légumes, des protéines, etc... constituant presque un repas complet à elles seules. Un salade fraîche, et voilà un lunch bien équilibré.*

Déjeuners

Le petit déjeuner, c'est important

Tout le monde le sait, tout le monde le dit : le petit déjeuner est un repas essentiel. Plusieurs spécialistes affirment même que c'est le repas le plus important de la journée.

Par contre, on ne sait pas toujours quoi servir le matin. Par quoi peut-on remplacer le fameux « déjeuner continental », les deux œufs frits accompagnés de bacon ou de jambon, ou encore les rôties tartinées de confiture sucrée ou de caramel... Ce n'est pas toujours évident.

Le matin, notre cerveau a besoin de protéines; il nous faut aussi des hydrates de carbone afin de régulariser l'apport de glucose dans l'organisme. Si en plus on mange des aliments crus, quelques fruits ou mieux, des légumes, c'est l'idéal.

Par contre, il faut faire attention aux aliments contenant des sucres raffinés qui vont créer des baisses de sucre au courant de l'avant-midi; celles-ci donneront une impression de fatigue et une difficulté à se concentrer. Le fameux jus d'orange et les jus de fruits préparés, même sans sucre, sont également à éviter. Les rôties avec des garnitures sucrées (même naturellement) sont aussi à proscrire.

Les enfants ont particulièrement intérêt à prendre un déjeuner sain qui leur permettra de penser plus clairement et de mieux fonctionner toute la journée. Le lait de soya ou le lait d'amandes sont délicieux sur des céréales; celles-ci doivent être de grains complets. Il faut faire particulièrement attention au sucre et aux produits chimiques que contiennent les céréales commerciales.

Suggestions santé
pour le petit déjeuner

— la crème Budwig, quoiqu'elle ne convienne pas à tous

— un œuf (pas frit) le jaune coulant avec un fruit et un hydrate de carbone

— une soupe de légumes, pourquoi pas ?

— des céréales froides complètes, avec des fruits et du lait de soya ou du lait d'amandes

— un fruit suivi de rôties de pain complet avec du beurre de noix

— une rôtie de pain complet avec du fromage (ou du fromage de chèvre si vous le tolérez bien)

— le gruau ou d'autres céréales chaudes avec de la cannelle et des raisins secs (on peut réchauffer les restes de la veille)

— une pomme de terre sucrée, cuite au four, recouverte de cannelle et de germe de blé

— une galette de riz couverte de beurre de noix et de tranches de banane, de graines de sésame ou de tournesol

— du beurre de noix sur des tranches de pommes (les enfants adorent !)

— du muësli

— des céréales complètes non sucrées (lisez bien l'étiquette), sucrées avec des raisins secs que vous aurez fait tremper dans l'eau quelques minutes.

Mes confitures de fraises éclair

Faciles à préparer et si savoureuses !

Ingrédients :   Pour ³/₄ de tasse

1 chopine	de fraises lavées, équeutées et coupées en demies
1 c. thé	de jus de citron
1 c. à soupe	de succanat (ou de sucre de fruits en poudre ou de fructose)
1 c. thé	d'agar-agar

Préparation :

1- Mettre les fraises, le jus de citron et le succanat dans une casserole et cuire à feu vif à découvert 9 minutes en remuant de temps à autre.

2- Ajouter l'agar-agar et cuire une minute de plus.

3- Réfrigérer avant de servir.

☞ *La confiture reste liquide aussi longtemps qu'elle est chaude, mais elle épaissira en refroidissant.*

Mon déjeuner dans un verre « énergie-force »

Depuis plusieurs années, les substituts de repas et les « déjeuners-minute » font fureur. Hélas, ils sont souvent bourrés de produits chimiques, de sucre ou de glucose, sans compter que leur goût laisse beaucoup à désirer. Voici un petit déjeuner instantané plein de saveur et de bons ingrédients, pour vous aider à partir du bon pied... même quand vous êtes à la course.

Ingrédients : Pour 2 tasses

4	amandes
1 c. à soupe	de graines de tournesol nature
1 c. à soupe	de graines de sésame nature
1 c. à soupe	de germe de blé
1	belle banane mûre
¼ c. thé	de vanille
½ tasse	d'eau
½ tasse	de lait de soya (nature ou aromatisé)

Préparation :

1- Au moulin à café ou au mélangeur, moudre les amandes, les graines et le germe de blé en poudre fine.

2- Ajouter les ingrédients liquides, mélanger et faire mousser au mélangeur.

☞ *Ce tonique énergisant peut remplacer votre petit déjeuner lorsque vous êtes à la course. Il peut aussi remplacer un repas à l'occasion. Riche en vitamines A, du complexe B, D, E et F, en protéines, calcium, magnésium, potassium et zinc, il ne contient aucun additif chimique.*

Omelette pizza de Marie-Hélène

Cette recette simple comme bonjour fait toujours sensation lors d'un brunch ou d'un déjeuner. De plus, il est impossible de la rater !

Ingrédients :   **Pour 2 ou 3 portions**

5	œufs
2 c. à soupe	lait de soya (ou de lait ordinaire ou d'eau)
1	tomate coupée en dés
1 tranche	de pain complet émiettée
½ tasse	de légumes crus ou cuits mélangés (brocoli, poivron, avocat, chou-fleur, haricots ou autres) coupés en petits morceaux
2 c. à soupe	de pâte de tomate (ou de sauce tomate)
1 c. thé	d'aromates au choix (ciboulette, basilic ou autre)
sel, poivre ou cayenne au goût	
Facultatif :	
4 c. à soupe	de fromage râpé (régulier, de chèvre ou à base de soya)
4 tranches	de tomate très minces pour la présentation

Préparation :

1- Préchauffer le four à 350°F. Mettre tous les ingrédients dans un bol et bien mélanger au fouet ou à la fourchette.

2- Verser dans une assiette à tarte (préférablement en pyrex) légèrement huilée et enfarinée. Facultatif : déposer les 4 tranches de tomates par-dessus pour la présentation.

3- Cuire au four environ 20 minutes, jusqu'à ce que le dessus commence à dorer. L'omelette doit reprendre sa forme lorsqu'on appuie le doigt dessus.

4- Servir en pointes, comme une tarte ou une pizza.

☞ *Si vous doublez la recette, utilisez deux assiettes à tarte, et non pas une plus grande.*

C'est l'occasion de passer vos restes de légumes de la veille!

Pain doré des anges

Voici ma version santé d'un petit déjeuner qui vous rappellera les beaux matins ensoleillés de votre enfance.

Ingrédients :   **Pour 2 portions**

1	œuf battu
⅓ tasse	de lait de soya aromatisé à la vanille (sinon nature avec ½ c. thé de vanille)
2 c. thé	de zeste d'orange râpé
1 pincée	de muscade
4 tranches	de pain complet
1 c. à soupe	d'huile de carthame de première pression à froid

Préparation :

1- Dans un bol peu profond, bien mêler l'œuf, le lait, le zeste d'orange et la muscade.

2- Tremper les tranches de pain dans le mélange et faire cuire au poêlon dans l'huile environ 3 minutes par côté, jusqu'à ce que les tranches prennent une belle couleur dorée.

☞ *Une autre preuve qu'on peut bien s'alimenter tout en se régalant.*

Pains, muffins
et crêpes

Pain au maïs « sensationnel »

Ce pain est un régal avec une bonne soupe, une salade, un repas... ou même seul. À 135 calories par portion, il faut y goûter.

Ingrédients :   1 pain (12 portions)

1 tasse	de farine de maïs
1 tasse	de farine de blé entier
1 c. thé	de poudre à pâte sans alun
$\frac{1}{2}$ c. thé	de soda à pâte
$\frac{1}{2}$ c. thé	(ou moins) de sel de mer
$\frac{1}{4}$ c. thé	ou plus de poivre
2	œufs
2 c. à soupe	d'huile de carthame ou d'arachide (première pression à froid)
1 tasse	de lait de soya nature
1 tasse	de maïs en grains (égoutté)
$\frac{1}{4}$ tasse	d'oignon vert haché fin

Préparation :

Préchauffer le four à 400°F.

Dans un grand bol, bien mêler la farine de maïs, la farine de blé entier, la poudre à pâte, le soda à pâte, le sel et le poivre.

Dans un autre bol, battre au fouet les 2 œufs ; y ajouter ensuite l'huile de carthame (ou d'arachide), le lait de soya, le maïs en grains et l'oignon vert.

Ajouter graduellement le mélange sec au mélange humide et remuer rapidement à la cuiller de bois. Verser le tout dans un moule rond ou carré de 8 pouces qui a été préalablement huilé.

Faire cuire 20 minutes, puis laisser refroidir sur une clayette 15 minutes avant de servir.

☞ *On peut aussi en faire de délicieux muffins si on préfère.*

Bannock
Pain amérindien

Nos frères indiens étaient très près de la nature... Voici une recette vieille de plusieurs centaines d'années, le « bannock », qui est un mets traditionnel chez les Cree, les Ojibway et plusieurs autres « premières nations ».

Ingrédients :

2 tasses	de farine de blé entier à pain (blé dur)
1 c. à soupe	de poudre à pâte sans alun
1 tasse	de raisins secs (à l'origine, c'était des bleuets)
1 tasse	d'eau chaude du robinet

Préparation :

Préchauffer le four à 400°F.

Bien mêler la farine de blé dur et la poudre à pâte. Ajouter les raisins secs ou les bleuets (en saison, c'est délicieux !) et l'eau chaude.

Mélanger avec les mains, en pétrissant pour bien incorporer la farine, environ 30 secondes.

Huiler légèrement un moule à pain et, toujours avec vos mains, tasser le mélange au fond. Faire cuire de 20 à 25 minutes, jusqu'à ce que le dessus soit doré.

Laisser refroidir 5 minutes avant de démouler.

☞ *Cette recette de nos frères amérindiens est délicieuse, bien équilibrée... Mais, bien plus que cela, c'est une occasion de célébrer la paix et de communier (dans tous les sens du terme) avec eux.*

Mes crêpes passe-partout

Voici une recette de crêpes de base ; vous pouvez les apprêter de plusieurs façons, par exemple les garnir de légumes, d'une farce aux épinards puis les napper de sauce tomate ... ou encore en faire un délicieux dessert comme dans la recette « Gâteau Suisse Appenzel ». Mais elles sont délicieuses telles quelles.

Ingrédients :   Pour 12 crêpes

1 tasse	de farine de blé entier à pâtisserie
1 tasse	d'eau
1/2 tasse	de lait de soya nature
1/2 c. thé	poudre à pâte sans alun
1/2 c. thé	de sel de mer
1 c. à soupe	d'huile de carthame (première pression à froid)
1 c. thé	de vanille

Préparation :

Placer tous les ingrédients dans le mélangeur et faire fonctionner à vitesse basse ; on peut aussi utiliser un malaxeur électrique. Laisser reposer au moins une heure ou réfrigérer toute la nuit.

Mettre un poêlon sur un feu assez fort (mais pas trop) ; utiliser un poêlon antiadhésif ou encore en huiler légèrement le fond.

Verser 1/4 de tasse du mélange dans le poêlon et agiter ce dernier pour bien répartir la pâte au fond. Faire brunir légèrement le premier côté jusqu'à ce que le dessus commence à faire des bulles, environ 1 minute, puis retourner et faire dorer l'autre côté de la crêpe. Faire les autres crêpes de la même façon.

Les laisser refroidir et les empiler dans une assiette, ou encore servir immédiatement.

☞ *Nature, avec un soupçon de beurre ou de beurre d'amande, quel magnifique déjeuner !*

Muffins à l'orange (sans sucre)

Vous trouvez que vos petits déjeuners sont monotones ? C'est le moment d'essayer cette recette qui vous fera commencer la journée du bon pied !

Ingrédients :   Pour 10 à 12 muffins

1	orange
½ tasse	de jus d'orange frais
½ tasse	de dattes
1	œuf
½ tasse	d'huile d'arachide (première pression à froid)
1 ½ tasse	de farine de blé entier « à pâtisserie »
1 c. thé	de soda à pâte
1 c. thé	de poudre à pâte sans alun

Préparation :

Préchauffer le four à 400°F.

Couper l'orange en quatre, avec sa pelure, et la passer au blender avec le jus d'orange et les dattes. Ajouter l'œuf et l'huile ; mélanger le tout jusqu'à consistance bien liquide.

Dans un bol, mélanger les ingrédients secs : la farine, le soda à pâte et la poudre à pâte. Ajouter le mélange liquide et brasser légèrement.

Cuire dans un moule à muffins, à 400°F pendant 15 minutes.

☞ *Ces muffins sont vraiment sucrés et personne ne réalisera qu'ils ne contiennent pas de sucre. Les conserver au réfrigérateur... s'il en reste !*

**Source : Ginette Chartier
de la ligue « La Lèche »**

Muffins aux carottes

Ingrédients :   Pour 16 à 20 muffins

2 tasses	moins 2 c. à soupe de farine de blé entier à pâtisserie
2 c. thé	de poudre à pâte sans alun
1 c. thé	de cannelle
1 c. thé	de zeste d'orange (pelure râpée)
¹/₂ tasse	de jus d'orange non sucré, frais si possible
¹/₂ tasse	de lait de soya
¹/₄ tasse	d'huile d'arachide ou de carthame (première pression à froid)
2	blancs d'œufs **ou** une banane bien mûre écrasée
1 tasse	de carottes râpées grossièrement
¹/₄ c. thé	(ou moins) de sel de mer

Préparation :

Préchauffer le four à 400°F. Huiler légèrement vos moules à muffins ou utiliser des moules à muffins en papier.

Dans un grand bol, mélanger la farine, la poudre à pâte, la cannelle et le sel.

Dans un autre bol plus petit, amalgamer le zeste d'orange, le jus d'orange, le lait de soya, l'huile d'arachide (ou de carthame) et les blancs d'œufs (ou la banane écrasée) ; battre à la fourchette puis incorporer graduellement la tasse de carottes râpées.

Incorporer le mélange liquide aux ingrédients secs et mélanger jusqu'à ce que le tout soit bien humecté, mais en prenant garde de ne pas trop brasser.

Répartir le mélange également dans les moules à muffins ; faire cuire au four, de 20 à 25 minutes ou jusqu'à ce que les muffins commencent à brunir. Laisser refroidir les moules sur un clayette avant de servir.

☞ *Cette recette peut également servir pour faire des petits pains aux carottes.*

Muffins « matin-soleil »

Très riches en fibres, ces muffins sont une délicieuse façon de commencer la journée... On dirait presque qu'ils contiennent du soleil !

Ingrédients :   Pour 12 muffins moyens

1 ¼ tasse	de farine de blé entier « à pâtisserie »
½ tasse	de son d'avoine
¼ tasse	de son de blé
2 c. thé	de poudre à pâte sans alun
1 c. à soupe	d'huile d'arachide (première pression à froid)
¼ tasse	de miel (cru, non pasteurisé)
1	œuf
⅔ tasse	de lait de soya
½ tasse	de compote de pommes non sucrée
½ c. thé	de vanille
2	bananes bien mûres, écrasées ou en purée

Préparation :

Préchauffer le four à 350°F et huiler légèrement un moule à muffins. Tamiser ensemble les ingrédients secs et réserver.

Mélanger l'huile et le miel ; ajouter en fouettant l'œuf, le lait de soya, la compote de pommes et la vanille. Mêler les ingrédients secs et incorporer les ingrédients liquides en brassant, jusqu'à ce que le tout soit humide. Ne pas trop remuer.

À l'aide d'une spatule ou d'une grosse cuiller, ajouter les bananes écrasées et les incorporer au mélange. Répartir ce mélange à la cuiller dans des moules à muffins.

Mettre au four et laisser cuire de 20 à 30 minutes.

☞ *Ces muffins savoureux ne contiennent que 120 calories et 2 grammes de gras chacun.*

Muffins « érable et son d'avoine »

Cette recette est super rapide et facile.

Ingrédients :   **Pour 10 à 12 muffins**

2 tasses	de son d'avoine non cuit
2 c. thé	de poudre à pâte sans alun
1 c. thé	de cannelle moulue
$\frac{1}{2}$ tasse	de sirop d'érable (naturel)
$\frac{1}{2}$ tasse	de lait de soya nature
$\frac{1}{4}$ tasse	d'huile d'arachide (première pression à froid)
1	œuf battu
$\frac{1}{2}$ tasse	de raisins secs

Préparation :

Préchauffer le four à 400°F . Huiler et fariner un moule à muffins (pour 12) ou le garnir de moules de papier.

Dans un bol, combiner le son d'avoine, la poudre à pâte, et la cannelle. Dans un autre récipient, mêler tous les autres ingrédients.

Ajouter graduellement les ingrédients secs aux ingrédients humides, en remuant légèrement jusqu'à ce que tout le contenu soit humecté également, mais en évitant de trop mélanger.

Répartir la pâte dans les moules à muffins en les remplissant aux $\frac{3}{4}$. Cuire 15 minutes, jusqu'à ce que les muffins commencent à brunir et qu'ils soient spongieux au toucher.

Retirer du four, et laisser refroidir avant de servir.

☞ *Ces muffins sont délicieux le matin, ou l'après-midi pour accompagner une boisson chaude ou une bonne tisane.*

De plus, ils ne contiennent que 192 calories chacun.

Mes muffins au germe de blé

Un régal pour le petit déjeuner... à l'occasion.

Ingrédients :

1 tasse	de germe de blé
1 tasse	de lait de soya (nature)
1	œuf battu
1 c. à soupe	d'huile d'arachide (première pression à froid)
4 c. thé	de miel (non pasteurisé)
1 tasse	de farine de blé entier («moulue sur pierre» si possible, ou de farine de blé entier à pâtisserie)
4 c. thé	de soda à pâte sans alun
½ c. thé	de sel de mer

Préparation :

Préchauffer le four à 375°F. Huiler et fariner légèrement vos moules à muffins (ou utiliser des moules de papier).

Dans un bol, mélanger le germe de blé et le lait de soya. Laisser reposer quelques minutes.

Ajouter l'œuf, l'huile, le miel et bien mélanger.

Dans un autre bol, tamiser ensemble la farine, le sel et la poudre à pâte. Ajouter ce deuxième mélange au premier et battre à la fourchette pour bien humecter le tout. Ne pas trop remuer.

Remplir les godets aux ²/₃ de pâte et faire cuire de 15 à 20 minutes.

☞ *Chaque muffin ne contient que 113 calories, mais 0.25 gramme de fibres, 5 grammes de protéines, et 36 grammes de calcium. C'est donc une excellente façon de commencer la journée !*

Muffins au son

Extra-riche en fibres... mais exempt de cholestérol.

Ingrédients :   **Pour 12 gros muffins**

1 tasse	de farine de blé entier à pâtisserie
1 tasse	de son d'avoine
1 tasse	de carottes râpées
1 c. à soupe	de poudre à pâte sans alun
1 c. thé	de muscade
2 c. thé	de cannelle
1 tasse	de raisins secs
1/4 tasse	d'huile de carthame ou d'arachide (pressée à froid)
1/2	banane écrasée
1 1/4 tasse	de jus de pomme non sucré

Préparation :

Préchauffer le four à 350°F. Huiler et fariner des moules à muffins.

Dans un grand bol, mélanger la farine, le son d'avoine, la cannelle, la muscade et la poudre à pâte. Ajouter les raisins et mélanger à nouveau.

Dans un autre bol, écraser la banane (ou battre l'œuf), ajouter les carottes, le jus de pomme et l'huile de carthame ; bien brasser. Ajouter ensuite les ingrédients secs, et mélanger jusqu'à ce que le tout soit humide, en veillant à ne pas trop remuer.

À l'aide d'une grosse cuillère, verser le mélange dans les moules à muffins et mettre au four jusqu'à ce que les muffins soient cuits, environ 15 minutes.

☞ *Une délicieuse façon d'avoir votre ration de fibres au petit déjeuner ! Vous allez vous régaler... super-santé !*

Crêpes à l'avoine Cadichon

Une façon spéciale et délicieuse d'avoir votre apport en produit céréalier.

Ingrédients :

Pour 10 crêpes

1 ½ tasse	de flocons d'avoine
½ tasse	de farine d'épeautre ou de blé entier à pâtisserie
2 c. thé	de poudre à pâte sans alun
½ c. thé	de cannelle
½ c. thé	de muscade
1 tasse	de lait de soya nature
1	œuf
1 c. à soupe	d'huile de carthame de première pression à froid

Facultatif :

¼ tasse	de raisins secs gonflés dans l'eau

Préparation

1- Dans un grand bol, mêler les flocons d'avoine, la farine de blé ou d'épeautre, la poudre à pâte, la cannelle et la muscade. Dans un autre bol, battre le lait de soya, l'œuf et l'huile de carthame.

2- Ajouter les ingrédients humides aux secs mais ne pas trop battre. Si vous voulez mettre des raisins, ajoutez-les maintenant.

3- Cuire dans un poêlon légèrement huilé, jusqu'à ce que des bulles apparaissent à la surface. Retourner pour dorer l'autre côté.

☞ *Avec un tel petit déjeuner qui vous attend, vous aurez hâte de sauter du lit !*

Crêpes « cochonnes » aux bleuets

Comme lorsqu'on déjeune aux « États ».

Ingrédients : **Pour 12 petites crêpes épaisses**

2 tasses	de farine de blé entier à pâtisserie ou d'épeautre
2 c. thé	de poudre à pâte sans alun
2¼ tasses	de lait de soya (nature)
1	œuf
1 c. à soupe	d'huile de carthame de première pression à froid
1 tasse	de bleuets non sucrés (frais ou dégelés)

Préparation :

1- Bien mélanger la farine et la poudre à pâte. Ajouter le lait de soya, l'œuf et l'huile de carthame et mélanger énergiquement.

2- Ajouter délicatement les bleuets.

3- Déposer la préparation à la cuiller dans un poêlon à peine huilé. Cuire à feu moyen-doux, jusqu'à ce que la crêpe commence à dorer, puis la retourner pour faire cuire l'autre côté.

☞ *Quelle façon fantastique de commencer la journée! Vous aurez l'impression d'être en vacances chez nos voisins du sud.*

Galettes bavaroises Sissi

Cette délicieuse recette vient tout droit d'Allemagne. Il ne manque que des légumes verts et une jolie salade pour faire un repas complet.

Ingrédients :   **Pour 2 ou 3 portions**

4	pommes de terre pelées et râpées
1 paquet	(225 à 250 grammes) de tofu mis en crème au robot
1/2	oignon haché fin
2 c. à soupe	de persil frais haché
1 1/2 c. à soupe	de farine de blé entier à pâtisserie ou d'épeautre
1/2 c. thé	de sel de mer
1/4 c. thé	de poudre d'ail
poivre au goût	

Préparation :

1- Mêler tous les ingrédients.

2- Dans un poêlon légèrement huilé, verser environ 3/4 de tasse du mélange et écraser à la spatule pour faire une belle galette (comme on le fait pour les galettes de steak haché).

3- Cuire de 5 à 7 minutes de chaque côté, jusqu'à ce que la galette prenne une belle couleur dorée. Procéder de même pour les autres galettes.

☞ *Les Allemands servent ces galettes avec de la compote de pommes!*

Muffins aux bleuets Bécassine

Une nouvelle version de cette recette qui plaît toujours.

Ingrédients :   Pour 12 gros muffins

1 tasse	de farine (blé entier à pâtisserie ou épeautre)
1 tasse	de flocons d'avoine
$1/4$ c. thé	de cannelle
$1/4$ c. thé	de muscade
1 c. à soupe	de poudre à pâte (sans alun)
1 tasse	de lait de soya
$1/2$	banane écrasée
1 c. à soupe	de miel ou de sirop de riz
2 c. à soupe	d'huile de carthame de première pression à froid
1 tasse	de bleuets

Préparation :

1- Préchauffer le four à 350°F. Dans un grand bol, bien mêler la farine, l'avoine, la cannelle, la muscade et la poudre à pâte.

2- Ajouter sans trop battre le lait de soya, la banane, le miel ou le sirop de riz et l'huile de carthame.

3- Incorporer peu à peu la tasse de bleuets. Verser le mélange dans des moules à muffins légèrement huilés.

4- Cuire au four de 15 à 20 minutes.

☞ *Vous aurez 12 beaux gros muffins savoureux... et ils ne contiennent que 100 calories chacun.*

Muffins des Caraïbes

Cette recette au goût exotique vous permettra de commencer la journée sur une note tropicale.

Ingrédients :   **Pour 12 gros muffins**

1½ tasse	de farine de blé entier à pâtisserie
1 c. à soupe	de poudre à pâte
2 c. thé	de cannelle
1 tasse	de dattes dénoyautées et hachées
½ tasse	de noix hachées (au goût : pacanes, de Grenoble, amandes ou autre)
2	bananes bien mûres écrasées
⅓ tasse	d'huile d'arachide ou de carthame de première pression à froid
2	œufs
1 c. thé	de jus de citron
½ tasse	de lait de soya nature (ou vanille)

Préparation :

1- Préchauffer le four à 375°F. Tamiser ensemble la farine, la poudre à pâte et la cannelle. Ajouter les dattes et les noix hachées, bien mélanger à la cuiller de bois et réserver.

2- Dans un autre bol, battre ensemble les bananes, l'huile, les œufs, le jus de citron et le lait de soya.

3- Ajouter en deux ou trois fois les ingrédients secs aux ingrédients humides; mêler délicatement. Ne pas trop brasser.

4- Déposer la pâte dans un moule à muffins légèrement huilé et fariné et faire cuire de 18 à 20 minutes.

☞ *Si vous faites des muffins plus petits, réduire le temps de cuisson de 3 ou 4 minutes. Pour vérifier la cuisson, piquez le muffin avec un cure-dent, il doit ressortir propre.*

Muffins Louise

Même une personne seule devrait se faire des muffins de temps à autre ; c'est une bonne façon d'égayer votre petit déjeuner ou votre pause-café au courant de l'après-midi.

Ingrédients :   Pour 12 à 16 muffins

2 tasses	de farine de blé entier à pâtisserie ou d'épeautre
2 c. thé	de poudre à pâte sans alun
1/4 c. thé	de cannelle
1/4 c. thé	de muscade
1 1/4 tasse	de raisins secs
1/4 tasse	d'huile de carthame de première pression à froid
1	œuf
1 c. à soupe	de miel
3/4 tasse	de lait de soya
1 tasse	de carottes pelées finement râpées

Préparation :

1- Préchauffer le four à 375°F. Mêler la farine, la poudre à pâte, la cannelle, la muscade et les raisins secs. Réserver.

2- Battre à la mixette ou au mélangeur, l'huile de carthame, l'œuf, le miel et le lait de soya. Ajouter la carotte râpée et mélanger à la main.

3- Ajouter les ingrédients liquides aux secs et mélanger délicatement. Verser dans des moules à muffins légèrement huilés et cuire 20 minutes.

Variante : Pain Louise

Faire cuire le mélange dans un moule à pain d'environ 4 pouces sur 8 légèrement huilé de 30 à 35 minutes.

☞ *Cette recette a été composée spécialement pour mon amie Louise qui raffole des muffins, des raisins secs et des carottes.*

171

Petits pains aux fruits
Fanfreluche

De petits régals pour commencer la journée du bon pied.

Ingrédients :   **Pour 12 petits pains**

2 tasses	de farine d'épeautre
2 c. thé	de poudre à pâte sans alun
$^1/_2$ tasse	de lait de soya nature
1	œuf battu
1 c. thé	de vanille
1	banane mûre écrasée
$^3/_4$ tasse	de raisins secs

Préparation :

1- Préchauffer le four à 350°F. Bien mêler la farine et la poudre à pâte.

2- Ajouter le lait de soya, l'œuf, la vanille ainsi que la banane et bien mélanger à la main. Ajouter les raisins secs et mélanger de nouveau.

3- Déposer sur une plaque non huilée en façonnant 12 petits pains et cuire 15 minutes.

☞ *Avec un soupçon de beurre et une tasse de tisane bien chaude, quelle belle collation !*

Petits pains éclair Amitié

Cette recette rapide est ma version des fameux « biscuits » américains ; elle ressemble aussi beaucoup aux « galettes à la crème sure » de Mamie Josée.

Ingrédients :   Pour 9 à 12 petits pains

1 tasse	de lait de soya
1 c. à soupe	de jus de citron frais
1½ tasse	de farine de blé entier à pâtisserie ou d'épeautre
1 c. à soupe	de poudre à pâte sans alun
¼ c. thé	de sel de mer

Facultatif

2 c. thé	d'aromates (persil, anis, fenouil, ciboulette, etc.)
ou 3 c. à soupe de raisins secs	

Préparation :

1- Préchauffer le four à 425°F. Dans un bol mêler le lait de soya et le jus de citron. Laisser reposer 5 minutes.

2- Pendant ce temps, dans un grand bol, combiner la farine, la poudre à pâte, le sel de mer. Si on le désire, on peut aussi ajouter 2 cuillerées à thé d'aromates ou encore 3 cuillerées à soupe de raisins secs.

3- Ajouter le mélange liquide au mélange sec, en remuant rapidement, mais pas trop. Déposer à la cuiller, sur une plaque légèrement huilée. Cuire dans le haut (tiers supérieur) du four, de 12 à 15 minutes.

☞ *Chauds, avec une petite touche de beurre, ils fondent dans la bouche.*

Tartinades

et

trempettes

Caponata à l'aubergine

Cette recette italienne donne une trempette délicieuse sur des croustilles ou du pain grillé ; vous pouvez également vous en servir pour garnir des sandwichs ou même une belle salade.

Ingrédients :   **Pour 8 portions**

¹/₄ tasse	d'huile d'olive de première pression à froid
2	oignons hachés
1	belle grosse aubergine pelée et coupée en dés
1 tasse	de jus de tomate (frais ou en conserve)
2 c. à soupe	de pâte de tomate
³/₄ tasse	de céleri en dés
¹/₂ tasse	d'olives vertes en morceaux
2 c. à soupe	de vinaigre de cidre de pomme
2 c. à soupe	de jus de citron
2	dattes hachées très finement

Préparation :

1- Dans un grand poêlon, faire sauter l'oignon dans l'huile d'olive 5 minutes, jusqu'à ce qu'il commence à devenir transparent.

2- Ajouter l'aubergine, le jus de tomate, la pâte de tomate et les dattes. Remuer pour rendre le mélange homogène. Couvrir, et laisser mijoter 30 minutes.

3- Laissez refroidir toute la nuit et servir froid.

☞ *Cette recette doit être préparée à l'avance pour que les saveurs se mêlent bien. Elle se garde jusqu'à 2 semaines au réfrigérateur.*

Caviar d'aubergine

Que ce soit pour une entrée, un lunch ou un buffet, cette recette impressionnera vos convives. Le plus étonnant, c'est qu'elle ne coûte que quelques sous par portion.

Ingrédients :   **Pour 6 portions**

1	belle grosse aubergine
1/2	oignon haché fin
1/2 tasse	de tomates finement tranchées
1 c. thé	de sel de mer
2 c. à soupe	de jus de citron
2 c. à soupe	d'huile d'olive de première pression à froid
Poivre ou cayenne, au goût	

Préparation :

1- Peler l'aubergine, la couper en 4 et la cuire à la vapeur jusqu'à ce qu'elle devienne tendre, de 20 à 30 minutes. Laisser refroidir.

2- Hacher finement l'aubergine. Si on utilise le robot, éviter de la réduire en purée.

3- Ajouter les autres ingrédients, bien mélanger. Servir froid comme le caviar.

☞ *Se garde jusqu'à 2 semaines au réfrigérateur.*

Tartinade Carot-Amandine

Une tartinade économique qui fait une collation du tonnerre.

Ingrédients :   **Pour 8 portions**

2 tasses	de carottes, coupées en morceaux de $1/2$ pouce
2 c. à soupe	de beurre d'amandes
$3/4$ c. à soupe	de sauce Tamari
$1/4$ c. thé	de sel de mer

Préparation :

1- Faire cuire les carottes à la vapeur 20 minutes. Égoutter.

2- Passer les carottes cuites au mélangeur avec les autres ingrédients jusqu'à l'obtention d'une texture lisse et homogène.

3- Si la préparation est trop épaisse, ajouter un peu d'eau, une cuillerée à thé à la fois, afin d'obtenir une tartinade plus crémeuse.

☞ *Sur des rôties ou des craquelins, c'est savoureux comme tout... Un petit truc : inutile d'utiliser du beurre avec une telle tartinade.*

Trempette Rosette au persil et au poivron

Cette trempette appétissante épatera vos convives par sa belle couleur rose tendre.

Ingrédients :   Pour 1¹/₂ tasse

2	gros poivrons rouges épépinés, coupés en dés
1 tasse	de persil frais haché
2	gousses d'ail écrasées
2 c. à soupe	de jus de citron
¹/₃ tasse	d'huile d'olive de première pression à froid
sel de mer au goût	

Préparation :

1- Liquéfier tous les ingrédients au robot culinaire.

☞ Variante : Trempette Émeraude

Des poivrons verts vous donneront une trempette d'un beau vert printemps.

Trempette Professeur Tournesol

*Son petit goût délicat séduit les palais les plus dif-
ficiles.*

Ingrédients :   Pour 1¹/₂ tasse

¹/₂ tasse	de graines de tournesol nature
1¹/₂ tasse	de tofu émietté
1	carotte râpée
1	oignon vert haché finement
1 c. thé	de paprika
1 c. à soupe	de persil frais haché
sel de mer au goût	

Préparation :

1- Réduire les graines de tournesol en poudre au robot culinaire.

2- Ajouter les autres ingrédients et bien mélanger.

☞ *Sur vos rôties le matin, cela vous aidera à démarrer. Les graines de tournesol et le tofu vous fourniront des protéines.*

Des

sauces

pour toutes les occasions

Sauce blanche, sauce veloutée, sauce brune... et plus encore

Lorsqu'on décide de mieux s'alimenter et de diminuer sa consommation de matières grasses, on est fréquemment obligé de mettre de côté des mets dont on raffolait. Nos plats deviennent souvent secs lorsqu'on omet la sauce. Il est vrai que les sauces à la crème ou montées au beurre contiennent énormément de calories, de cholestérol et de gras, et particulièrement des gras saturés. Heureusement, il existe des alternatives ; je vous en propose quelques-unes.

Ingrédients :   Recette de base

Pour une sauce de consistance moyenne :
1 c. à soupe d'huile (première pression à froid) : arachide ou olive.
1 c. à soupe de fécule d'arrow-root ou d'amarante (sinon vous pouvez utiliser 2 c. à soupe de farine de blé entier, ce qui donnera cependant une sauce plus foncée)
1 tasse de liquide (voir plus bas)
Pour une sauce de consistance épaisse :
– travailler toujours avec une tasse de liquide, mais doubler tous les autres ingrédients.

Variantes :

Voici quelques variantes, selon le liquide que vous utiliserez. Votre tasse de liquide pourrait être :

– un <u>bon bouillon de poulet</u> que vous aurez dégraissé ou un bouillon <u>de légumes</u>. La sauce s'appellera alors sauce « **veloutée** ».

– du <u>lait de soya nature</u> ; vous obtiendrez ainsi une **sauce blanche** ou « **béchamel** ».

– une combinaison à parts égales de <u>lait de soya nature</u> et <u>de bouillon</u>.

– $^1/_2$ tasse <u>d'eau</u>, $^1/_2$ tasse de <u>lait de soya</u> nature plus $1^1/_2$ c. à soupe de <u>sauce « tamari »</u> ; il n'en faut pas plus pour faire une excellente **sauce brune**.

Préparation :

Tiédir l'huile. Attention de ne pas trop la chauffer.

Sur le feu, ajouter votre fécule ou votre farine et la cuire 2 ou 3 minutes en remuant sans cesse. Ceci enlèvera le goût amer et un peu plâtreux.

Ajouter du sel de mer, du poivre, des aromates ou des épices selon votre goût et remuer une minute de plus.

Retirer du feu et ajouter d'un coup la tasse de liquide. Bien brasser.

Ramener la casserole sur le feu et porter à ébullition en remuant sans arrêt. Aussitôt que ça bout, réduire légèrement le feu (il faut que ça continue à bouillir mais plus doucement), continuer à remuer et laisser épaissir la sauce pendant 1 à 2 minutes.

☞ *Voilà une belle sauce sans grumeaux... Et sans cholestérol qui va donner du « oumph » à tous vos plats !*

Sauce « al pesto » au brocoli

Une recette traditionnelle que mes grands-parents Ferraro ont ramenée de Campobasso en Italie et qui regorge de calcium, de fer, de vitamines A et C... Quelle saveur irrésistible !

Ingrédients :   Pour 4 portions

3 tasses	de fleurets et de tiges de brocoli
2 gousses	d'ail
3 c. à soupe	d'huile d'olive (première pression à froid)
1/3 tasse	d'amandes crues effilées (on peut aussi prendre des « noix de pins »)
1 c. à soupe	de basilic sec **ou** 1/4 de tasse de basilic frais
1/3 tasse	de fromage « Romano » râpé (préférablement de brebis)
4 portions	de pâtes de blé entier à votre choix (spaghetti, fettucini ou autres)

Préparation :

Faire cuire le brocoli à la vapeur de 5 à 10 minutes en veillant à ce qu'il reste bien croquant. Bien égoutter et laisser refroidir.

Mettre le brocoli et les autres ingrédients (sauf le fromage et les pâtes) dans le robot ou le mélangeur. Faire fonctionner quelques secondes : le mélange doit être homogène, mais les ingrédients doivent conserver leur texture.

Pendant ce temps, faire cuire les pâtes selon les instructions de l'emballage, puis les égoutter.

Ajouter le fromage au mélange et verser le tout sur les pâtes. Bien brasser et servir chaud.

☞ *C'est vite fait, mais quelle couleur et quel goût, mes amis ! Sur des pâtes fraîches aux tomates ou aux betteraves, cette belle sauce verte fait vraiment sensation !*

Sauce à spaghetti aux lentilles

Cette sauce délicieuse et riche est vraiment facile à préparer.

Ingrédients :   6 portions

1 c. à soupe	d'huile d'olive (première pression à froid)
1	gros oignon émincé
1	gousse d'ail écrasée
1 ¼ tasse	de lentilles brunes (triées et rincées)
3 tasses	d'eau
2 tasses	de tomates hachées (fraîches, congelées ou en conserve ou 2 tasses de sauce tomate maison)
1	feuille de laurier
½ c. thé	de basilic
½ c. thé	d'origan
sel de mer, cayenne ou poivre au goût	
5 c. à soupe	de pâte de tomate

Préparation :

Dans un grand chaudron, faire revenir dans l'huile l'oignon émincé environ 3 minutes. Ajouter l'ail, les lentilles et les 3 tasses d'eau. Amener à ébullition, ajouter la feuille de laurier, couvrir et laisser mijoter à feu doux 30 minutes.

Après ce temps, ajouter les deux tasses de tomates hachées (ou de sauce tomate maison), le basilic, l'origan et les épices. Cuire 20 minutes à découvert en brassant de temps à autre.

Ajouter le sel de mer et la pâte de tomate pour épaissir. Brasser et laisser cuire 5 minutes de plus.

Servir sur de bonnes pâtes de blé entier ou de céréales entières.

☞ *Les pâtes ont la réputation de faire engraisser, mais c'est tout à fait faux. Savez-vous qu'il y a beaucoup moins de calories dans un plat de pâtes traditionnel que dans une assiette composée d'une petite portion de viande et de deux légumes...*

Quant à cette recette en particulier, tout en étant pleine de protéines grâce aux lentilles, elle ne contient aucun cholestérol et que 170 calories par portion. Et attendez d'y goûter !

Mon ketchup « touche-de-miel »

Savez-vous que le ketchup commercial contient plus de sucre que la crème glacée? Surprenant, mais vrai. Voici une recette santé super rapide et tout simplement délicieuse pour rehausser vos plats favoris.

Ingrédients :   Pour ½ tasse

6 c. à soupe	de pâte de tomate
2 c. à soupe	de jus de citron ou de vinaigre de cidre de pomme
½ c. thé	de sauce Tamari
1½ c. thé	de miel cru non pasteurisé
1 c. à soupe	d'eau

Préparation :

1- Liquéfier tous les ingrédients au mélangeur jusqu'à ce que la préparation soit lisse ou onctueuse.

☞ *Conserver au réfrigérateur. Au lieu du miel, on peut utiliser du sirop de riz brun biologique.*

Sauce blanche des fées

Une sauce blanche riche, sans produit laitier, sans produit céréalier et sans cholestérol.... et pas besoin de baguette magique pour la faire, c'est simple comme tout !

Ingrédients :   **Pour 1 tasse**

1	tasse d'eau
½ tasse	de noix de cajou nature
1 c. à soupe	d'arrowroot (ou de fécule de maranta)
1 c. thé	de poudre d'oignon
1 c. à soupe	d'huile d'arachide ou d'olive de première pression à froid
¼ c. thé	de sel de mer
une pincée de poivre ou de cayenne au goût	

Préparation :

1- Liquéfier tous les ingrédients au mélangeur.

2- Transvider dans une casserole et porter doucement à ébullition sans surchauffer. Réduire le feu à moyen et cuire 3 minutes en brassant constamment. Si la sauce devient trop épaisse, ajouter un peu d'eau.

☞ *Pensez à tout ce que vous pouvez faire avec une belle sauce blanche si onctueuse : viandes, poissons, légumes vapeur et pâtes feront des plats de choix... Sans danger pour votre ligne ni pour votre forme!*

Sauce California

Vous voulez donner du panache à votre poulet, votre poisson, vos légumes vapeur ou même votre salade? Cette sauce est idéale!

Ingrédients :   Pour 1 tasse

¹/₄	de poivron vert en dés
¹/₄	de poivron rouge en dés
1	carotte en dés
1	avocat bien mûr
¹/₂ c. thé	de jus de citron
²/₃ tasse	de yogourt nature à faible teneur en matières grasses
1	oignon vert haché

Préparation :

1- Faire cuire à la vapeur les dés de poivron et de carotte 10 minutes puis réserver.

2- Dans un bol, écraser l'avocat à la fourchette, ajouter le jus de citron et incorporer graduellement le yogourt. Bien mélanger jusqu'à ce que le tout soit crémeux.

3- Ajouter les légumes cuits et l'oignon vert. Saler, poivrer. Servir à la température de la pièce.

☞ *Quelle délicieuse trempette ! Servez-la avec des « nachos » ou croustilles naturelles de maïs.*

Sauce-relish des mers du sud

Mangues, oignons et pêches sont à la base de cette sauce sans cuisson, originale et rafraîchissante comme le vent des mers du sud.

Elle accompagne très bien le poisson, le poulet, les plats de légumes et le tofu.

Ingrédients :   Pour 1 tasse

2	mangues (ou 2 pêches ou 1 de chaque) pelées et coupées en petits morceaux
¹/₂ tasse	oignon rouge coupé en dés
le jus de 2 limes	
2 c. à soupe	de coriandre (ou de persil) frais
une pincée	de sel de mer et de poivre (facultatif)

Préparation :

1- Dans un bol, bien mêler les morceaux de mangue, d'oignon, le jus de lime et les autres ingrédients. Bien mélanger.

2- Servir sur-le-champ ou conserver au réfrigérateur et laisser tiédir à température de la pièce avant de servir.

☞ *La mangue est un fruit originaire des Indes, mais on en retrouve dans tous les pays tropicaux. Elle est mûre lorsqu'elle cède sous une légère pression du doigt ; elle doit être odorante. Elle peut avoir de petites taches noires, mais doit être exempte de rides.*

Sauce tonkinoise à la limette

Les sauces du commerce sont remplies d'additifs; pourquoi ne pas essayer cette recette, pleine de bons ingrédients et au goût irrésistible?

Ingrédients :   **Pour 1 tasse**

1 c. à soupe	d'huile d'arachide de première pression à froid
1 gousse	d'ail émincée
2	oignons verts en petites rondelles
1 c. thé	de gingembre frais haché
½ tasse	d'eau
1½ c. à soupe	de sauce Tamari
le jus de 2 limettes	

Préparation :

1- Tiédir l'huile au poêlon à feu moyen. Ajouter l'ail, le gingembre, l'oignon vert; faire sauter environ 1 minute.

2- Verser l'eau et brasser jusqu'à ce que le mélange commence à bouillonner.

3- Ajouter alors la sauce Tamari et le jus de lime. Servir immédiatement.

☞ *Son petit goût légèrement acidulé rehausse très bien le poulet, le poisson, les légumes ou le tofu.*

Salades

et

vinaigrettes

Les salades

Une salade n'a pas besoin d'être faite uniquement de laitue, tout comme vous n'avez pas à vous astreindre à la traditionnelle salade de restaurant composée de laitue, de concombres et de tomates. À toujours manger ce type de salade, je comprends qu'on s'en lasse. Usez plutôt de créativité. Voici quelques trucs qui vous aideront.

• Vous pouvez râper toutes sortes de légumes-racines crus qui ajouteront de la couleur et de la texture à votre salade : carottes, panais, betteraves.

• Outre la « iceberg », expérimentez avec la romaine, la Boston, les épinards, la scarole et le cresson. Lorsque vous utilisez une verdure amère, combinez-la à une autre plus douce, vous équilibrerez ainsi les saveurs.

• Des zucchinis, des poivrons verts ou rouges ou des champignons tranchés finement relèveront la salade la plus ordinaire.

• N'hésitez pas à incorporer vos restes de légumes cuits qui auront été refroidis et que vous couperez en rondelles ou en cubes : carottes, betteraves, fèves vertes, etc...

• Les endives, le radicchio et les germes apporteront une note de fraîcheur.

• Pour faire une salade-repas, vous pouvez ajouter du tofu en cubes ou émietté, des noix, des œufs durs, des légumineuses cuites et refroidies, des grenailles (sésame, tournesol, etc...).

• Plus les légumes sont colorés, plus ils regorgent de valeurs nutritives. N'oubliez pas que les couleurs stimulent les sens et qu'on mange d'abord avec ses yeux.

• Autant que possible, préparez vos salades à la dernière minute et n'ajoutez la vinaigrette qu'au moment de servir.

• Plus économiques que les vinaigrettes du commerce, celles que vous faites à la maison ont aussi l'avantage d'être dépourvues d'additifs de toutes sortes.

• Vous trouverez dans ce livre plusieurs recettes de vinaigrettes et de sauces à salade, et vous pouvez toujours vous tirer d'affaire avec des mélanges bien simples :

- huile d'olive (première pression à froid) et jus de citron frais,
- huile d'olive et vinaigre de cidre de pomme,
- huile d'olive et sauce « tamari ».

Ma salade de chou gourmande

Une petite salade au goût sucré, qui ressemble à s'y méprendre à certaines salades de chou crémeuses qu'on retrouve sur le marché ou dans certaines chaînes de « fast-foods »... mais qui vous apportera plein de vitamines !

Ingrédients :   Pour 8 portions

1	chou vert (ou rouge) râpé
2	pommes râpées
2	carottes râpées
4	oignons verts finement hachés
2 c. à soupe	de vinaigre de cidre de pomme
1 c. thé	de sauce « tamari »
½ c. thé	de poivre
½ c. thé	de sel de mer
1 pincée	de poudre d'ail
4 c. à soupe	de mayonnaise ou mieux de « mayonnaise au soya »

Préparation :

Dans un grand bol, bien mêler tous les ingrédients.

Couvrir et réfrigérer de 4 à 12 heures avant de servir.

☞ *Contrairement à ce qu'on pense, le vinaigre de cidre de pomme est alcalinisant... et non pas acidifiant comme les autres vinaigres. De plus, c'est une excellente source de potassium.*

Lorsque vous achetez votre vinaigre de cidre de pomme, regardez s'il y a des dépôts ou des filaments ; s'il y en a, ce que vous voyez est « la mère du vinaigre » ; cela indique qu'il s'agit d'un excellent vinaigre de cidre naturel.

Salade « Mont Saint-Hilaire »

Une salade délicieuse qui met en vedette un fruit bien de chez nous, Madame la Pomme. Quelle façon de commencer un repas !

Ingrédients :

Pour 4 portions

1	endive
2 ou 3	branches de céleri
1	avocat juste à point
2	pommes

Sauce à salade

3 c. à soupe	d'huile d'olive (première pression à froid)
1 c. à soupe	de jus de citron frais.

Préparation :

Laver l'endive et déposer ses feuilles tout autour d'une grande assiette à service, les pointes vers l'extérieur. Cela doit ressembler à une corolle de fleur.

Couper le céleri en petits cubes et le disposer au centre de l'assiette, dans l'espace laissé libre par les endives.

Laver et couper les pommes en lamelles, puis les disposer au milieu du rond de céleri.

Peler l'avocat, le couper en fines lamelles et disposer bien au centre du plat. Cela vous donne une salade qui a l'air d'une magnifique fleur géante.

Dans un petit bol, mêler l'huile et le jus de citron et arroser le tout au moment de servir.

☞ *Cette salade se prépare à la dernière minute mais, présentée comme indiquée, elle ressemble à une fleur exotique... Si vous voulez qu'elle demeure appétissante, prenez des pommes « Cortland », elles ne jauniront pas.*

Salade Rose

Cette délicieuse recette, qu'on appelle aussi « Salade russe », vous fera rapidement oublier la salade de pommes de terre traditionnelle.

Ingrédients :   Pour 6 portions

2 tasses	de pommes de terre cuites coupées en dés
2 tasses	de betteraves cuites coupées en dés
$\frac{1}{2}$ tasse	de pois verts
2 c. à soupe	de persil frais haché
2	oignons verts coupés finement
3 c. à soupe	de mayonnaise naturelle, de « soyannaise » ou de mayonnaise maison faite avec une huile de qualité
3 c. à soupe	d'huile d'olive (première pression à froid)
2 c. à soupe	de jus de citron frais
1 pincée	de poivre noir
$\frac{1}{2}$ c.thé	de sel de mer

Préparation :

Tous les légumes doivent être froids; si vous utilisez des petits pois congelés, laissez-les décongeler.

Mettre dans un saladier tous les légumes : les patates, les betteraves, les pois verts, l'oignon vert et le persil.

Dans un autre récipient, amalgamer la mayonnaise, l'huile d'olive, le citron, le sel et le poivre. Verser le tout dans le plat de légumes et bien mêler.

Garder au réfrigérateur quelques heures avant de servir.

Variante :

On peut aussi mettre une pomme coupée en dés et arrosée de jus de citron. Toutefois, cela constitue une moins bonne combinaison alimentaire.

☞ *Cette succulente salade fait toujours sensation. Elle est riche en vitamines C et E, en magnésium, en zinc et en potassium. Malgré son bon goût, elle ne contient que 110 calories par portion.*

Salade bouillie éclair

Pour ceux qui ont du mal avec les crudités... et pour les autres !

Ingrédients :

Choisir de 3 à 5 légumes parmi les suivants :
- brocoli — chou
- carotte — céleri
- haricots verts — oignons verts
- persil — radis
- cresson — pois mange-tout

Préparation :

Choisir de 3 à 5 légumes ; les couper en jolis petits morceaux. Amenez 4 tasses d'eau à ébullition et cuire chaque légume séparément de 2 à 3 minutes, en veillant à ce qu'ils demeurent croquants.

Sortir les légumes à l'aide d'une écumoire et les laisser égoutter dans un grande passoire. Mettre les légumes dans un saladier, y ajouter du jus de citron et un trait de sauce « tamari », mêler et servir.

☞ *Cette salade est très populaire dans les pays orientaux ; elle est rafraîchissante et très digestible, même pour ceux qui ont du mal avec les crudités.*

Petit truc : Gardez l'eau de cuisson, c'est une excellente base pour les soupes ou les sauces... et c'est fantastique pour arroser vos plantes !

Salade « aux œufs » sans œufs

Vous surveillez votre taux de cholestérol, vous ne pouvez pas manger d'œufs et pourtant, vous auriez le goût de manger un bon sandwich ou une salade aux œufs... Essayez cette recette, vous n'en reviendrez pas.

Ingrédients :   Pour 2 portions

1 paquet (225g.)	de tofu ferme
1 c. à soupe	de sauce « tamari »
1 branche	de céleri finement hachée
2 radis (ou 1 carotte)	finement hachés
1 oignon vert	haché menu
$1/4$ de bouquet	de persil haché finement
$1/2$ à 1 c. à soupe	de « curcuma » moulu (disponible à votre épicerie)
1 c. à soupe	de mayonnaise santé

Préparation :

Écraser le tofu à la fourchette dans un bol de grandeur moyenne. Ajouter tous les autres ingrédients et bien mélanger. Le tour est joué.

Servir immédiatement, ou couvrir et réfrigérer.

☞ *C'est le « curcuma », une épice qui provient des Indes, qui donne la belle couleur jaune et appétissante à ce plat. Au moyen âge, cette épice rare valait une fortune.*

Pour un super-sandwich, prenez deux tranches de pain complet, une feuille de laitue, garnissez avec la préparation aux œufs...

Cette recette économique fera sensation lors de vos buffets, de vos brunchs ou de vos réceptions.

Salade « tofu-fraîcheur »

Vous avez le goût d'un repas léger et nourrissant ? Essayez cette nouvelle salade facile à préparer, c'est un régal et c'est si rafraîchissant !

Ingrédients :   Donne 1 plat principal
(ou 2 ou 3 entrées)

1 tasse	de tofu émietté
$1/4$ tasse	de céleri finement haché
$1/2$	poivron vert ou rouge, à votre goût, en dés
1	carotte râpée
2	oignons verts hachés
1 c. thé	de sauce « tamari »
1 ou 2 c. à soupe	de jus de citron frais
1 gousse	d'ail écrasée (facultatif)
1 c. à soupe	d'huile d'olive (première pression à froid)
Feuilles de laitue	(pour la présentation)

Préparation :

Bien mélanger tous les ingrédients, et disposer le tout sur des feuilles de laitues bien croquantes.

☞ *On peut évidemment varier les légumes au goût ou selon les primeurs disponibles. Cette salade, c'est du « printemps » dans votre assiette.*

Salade de légumes en fleurs

Cette salade rafraîchissante est faite à partir de légumes « décrudis », donc idéale pour les gens qui ont du mal avec les crudités.

Ingrédients :
Pour 4 portions en accompagnement

¹/₂	chou-fleur défait en fleurets
¹/₂	brocoli défait en fleurets
¹/₄ tasse	d'huile d'olive de première pression à froid
1 c. à soupe	de vinaigre de cidre de pomme
1 c. thé	de sauce Tamari
1 c. thé	de gingembre frais râpé
¹/₂	oignon rouge en tout petits dés

Préparation :

1- Faire cuire les fleurets de chou-fleur à la vapeur 5 minutes. Ajouter par-dessus le brocoli et cuire 7 minutes de plus.

2- Pendant ce temps, préparer la vinaigrette comme suit. Dans un grand saladier, mêler au fouet l'huile d'olive, le vinaigre de cidre de pomme, la sauce Tamari, le gingembre et les dés d'oignon.

3- Ajouter les légumes cuits dans le saladier et bien mêler. Servir tiède ou refroidi.

☞ *Le brocoli et le chou-fleur sont des crucifères, c'est-à-dire des légumes-fleurs dont la tige est en forme de croix. Ils sont riches en vitamines, en calcium, en phosphore, en potassium et en fibres.*

Salade de pâtes Arc-en-ciel

Qui n'aime pas les salades de pâtes? Celle-ci est facile à préparer. Si vous utilisez des pâtes tricolores de céréales complètes, vous aurez une salade de toutes les couleurs de l'arc-en-ciel.

Ingrédients :   **Pour 4 à 6 portions**

2 tasses	de pâtes courtes (macaroni, coquilles, spirales) de grain complet (blé entier, quinoa, épeautre, etc.)
1 tasse	de tofu ferme coupé en petits cubes
1	oignon haché finement
³/₄ de tasse	de « Vinaigrette éclair passe-partout » (recette dans ce livre)
1 tasse	de fleurets de brocoli cuits à la vapeur
1 tasse	de carottes en dés cuites à la vapeur

Préparation :

1- Cuire les pâtes selon les instructions de l'emballage; les égoutter et les laisser refroidir.

2- Transférer les pâtes dans un saladier ou un grand bol; ajouter les cubes de tofu, les morceaux d'oignon et la vinaigrette « passe-partout ». Mélanger le tout.

3- Laisser macérer au réfrigérateur quelques heures (ou toute la nuit).

4- Au moment de servir, ajouter les morceaux de brocoli et de carotte.

☞ *Cette recette se conserve quelques jours au réfrigérateur.*

Salade de pommes de terre verte

Cette salade de pommes de terre, d'avocat et d'olives séduit les palais les plus difficiles.

Ingrédients :   **Pour 6 portions**

4 tasses	de pommes de terre cuites et coupées en dés
2	oignons verts hachés
2	petits avocats (ou un gros) mûrs, en dés
3/4 tasse	d'olives noires tranchées
2 c. à soupe	d'huile d'olive de première pression à froid
2 c. thé	de jus de citron
	sel de mer, poivre au goût,
1/2 c. thé	de paprika
1 c. à soupe	de persil frais haché

Préparation :

1- Mêler délicatement les pommes de terre, les oignons verts, l'avocat et les olives.

2- Verser aussitôt l'huile d'olive, le jus de citron, le sel et le poivre. Mêler délicatement.

3- Décorer de paprika et de persil frais.

☞ *On doit préparer ce plat à la dernière minute, afin qu'il garde sa jolie couleur vert tendre.*

Salade de riz aux noix Père Noël ou farce de riz aux noix Père Noël

Une salade ou une farce pour la dinde dont on vous parlera longtemps. Idéal pour un buffet à l'occasion des Fêtes.

Ingrédients :
Pour 6 portions de salade ou de farce

Pour la salade ou la farce	
1 ¹/₂ tasse	de riz brun cuit
1 tasse	d'amandes nature hachées
¹/₂ tasse	de noix de cajou hachées
¹/₂ tasse	de raisins secs
2 c. à soupe	de ciboulette fraîche hachée ou d'oignons verts hachés
1	orange pelée, séparée en quartiers et hachée
sel et poivre, au goût	
Sauce pour la salade	
¹/₂ tasse	d'huile d'olive de première pression à froid
1 once	de vinaigre de cidre de pomme ou de jus de citron ou de jus d'orange

Préparation :

1- Dans un grand bol, mêler tous les ingrédients.

2- Pour la salade, ajouter la vinaigrette faite à partir d'huile d'olive et de vinaigre de cidre (ou de jus de citron ou d'orange). Bien mêler.

☞ *Une bonne façon de passer vos restes de riz.*
Lorsqu'on fait une farce, il est préférable de la faire cuire au four, mais dans un contenant à part et non pas à l'intérieur de la dinde ou de la volaille.

Salade Symphonie

En plus d'être délicieuse, cette salade est particulière-
ment tonifiante durant la saison froide. C'est comme une
bouffée d'air ensoleillé.

Ingrédients :   **Pour 4 portions**

3	carottes râpées
1	rabiole râpée
2	panais râpés
2	branches de céleri en petits dés
1	oignon vert tranché finement
4 c. à soupe	d'huile d'olive de première pression à froid
1 c. à soupe	de vinaigre de cidre de pomme
sel et poivre au goût	
Pour la présentation	
4	belles feuilles de laitue ou de radicchio

Préparation :

1- Dans un bol bien mêler les légumes. Verser dessus
l'huile et le vinaigre, saler et poivrer et bien remuer.

2- Servir sur les feuilles de laitue ou de radicchio.

☞ *Une salade tout à fait différente et pleine de vita-*
mines.

Vinaigrette éclair « passe-partout »

J'aime beaucoup cette vinaigrette parce qu'on peut s'en servir sur n'importe quoi... ou presque.

En passant, c'est la sauce parfaite pour la recette de « Salade de pâtes Arc-en-ciel » que vous trouverez dans ce livre.

Ingrédients :   Pour 1 tasse

¹/₂ tasse	d'huile d'olive de première pression à froid
¹/₄ tasse	de jus de citron
¹/₂ tasse	de vinaigre de cidre de pomme
2 c. à soupe	d'origan séché
1 c. thé	de thym séché
2 c. à soupe	de basilic séché
2 c. thé	de moutarde sèche en poudre
1 ¹/₂	gousse d'ail

Préparation :

1- Mettre tous les ingrédients au mélangeur et liquéfier une minute.

2- Servir sur-le-champ ou réfrigérer.

☞ *Cette sauce à salade simple comme bonjour se conserve jusqu'à deux semaines au réfrigérateur.*

Vinaigrette Nuage

Voici une vinaigrette allégée qui porte bien son nom: elle est légère comme un nuage, mais capable de rehausser les salades les plus ternes.

Ingrédients :   **Pour ¹/₂ tasse**

¹/₂ tasse	de bouillon de légumes (maison ou en cube)
3 c. à soupe	d'huile d'olive de première pression à froid
1 c. à soupe	de moutarde de Dijon
2 c. thé	de vinaigre de cidre de pomme
1 c. thé	de sauce Tamari

Préparation :

1- Bien mélanger tous les ingrédients. Conserver au réfrigérateur.

Variante

Vinaigrette Nuage à la française

Remplacer la moutarde par une c. à soupe de pâte de tomate et une pincée de cayenne.

Vinaigrette crémeuse au concombre

À peine 15 calories par portion alors que celle qu'on trouve à l'épicerie en contient plus de 100 Et quel goût ! Vous n'en croirez pas vos papilles gustatives !

Ingrédients :   **Donne 1³/₄ tasse**

¹/₂ livre	de tofu écrasé (ou un paquet de 450 g)
1	concombre moyen, pelé
2 c. à soupe	d'huile d'olive (première pression à froid)
2 c. à soupe	de jus de citron frais
¹/₂ c. thé	de sel de mer (facultatif)
¹/₈ c. thé	de poivre noir

Préparation :

Mettre tous les ingrédients au mélangeur et le faire fonctionner jusqu'à ce que vous obteniez un mélange lisse et crémeux.

☞ *Avez-vous déjà vu une recette aussi facile ? Et c'est bon par-dessus le marché !*

Vinaigrette campagne
aux tomates fraîches

Une succulente façon d'agrémenter vos salades. Sa belle couleur rouge séduit les yeux, son goût charmera votre palais.

Ingrédients: **Donne ³/₄ de tasse**

1	belle tomate fraîche, bien mûre
2 c. à soupe	d'huile d'olive (première pression à froid)
1 c. à soupe	de jus de citron frais
¹/₈ de c. thé	de sel de mer
1 c. thé	de basilic frais (ou ¹/₂ c. thé de basilic séché)

Préparation :

Mêler au mélangeur tous les ingrédients, sauf l'huile, et bien amalgamer. Ajouter l'huile par filet et mélanger à nouveau quelques secondes.

Agiter juste avant de servir.

Conserver au réfrigérateur.

☞ *Savez-vous que les vinaigrettes commerciales contiennent en moyenne 90 % d'eau, parfois plus ? Les autres ingrédients sont du sucre, des additifs chimiques, des essences et des colorants artificiels, des huiles de qualité inférieure... Lisez les étiquettes. Une raison de plus de faire cette recette simple comme bonjour.*

Une vinaigrette pour chaque saison

Vinaigrette italienne

Un classique toujours populaire.

Ingrédients   **Donne 1 tasse**
3 c. soupe   de vinaigre de cidre de pomme ou de jus de citron
1 c. thé   de sel de mer
9 c. soupe   d'huile d'olive (première pression à froid)

Préparation
Verser tous les ingrédients dans une bouteille et bien agiter. Cette vinaigrette se conserve quelque temps, mais fraîchement faite, elle est encore meilleure.

Vinaigrette française

Préparation
Préparer la vinaigrette italienne ci-dessus, mais y ajouter une cuillerée à soupe de pâte de tomate et bien brasser.

Vinaigrette 3-3-3

Ingrédients   **Donne 1 tasse**
¹/₃ tasse   de vinaigre de cidre de pomme
¹/₃ tasse   d'eau
¹/₃ tasse   de sauce « tamari »

Préparation
Mêler tous les ingrédients. Cette vinaigrette fait aussi un excellent condiment pour le poisson et les crustacés.

Ma fameuse vinaigrette sans huile

L'huile d'olive de première pression à froid est un excellent aliment, mais certaines personnes doivent surveiller leur consommation de gras ; voici donc une garniture à salade qui ne contient pas une goutte d'huile !

Ingrédients   **Donne 4 portions**
3 c. à soupe   de vinaigre de cidre de pomme
1¹/₂ c. à soupe   de sauce « tamari »
1 c. soupe   de moutarde préparée (douce ou forte au goût)

Préparation
Mêler tous les ingrédients.

Avec ces quatre vinaigrettes, vous n'avez plus d'excuse pour ne pas manger salade et crudités à chaque repas.

Vinaigrette « vert-avocat »

Vous aimeriez une garniture onctueuse pour vos salades préférées ? Essayez celle-ci, vous m'en donnerez des nouvelles.

Ingrédients :   **Donne une tasse**

2 c. thé	d'huile d'olive (première pression à froid)
1 gros	avocat bien mûr
3 c. à soupe	de jus de citron frais
½ c. thé	de sel de mer
une pincée	de poivre noir
une pincée	de cayenne
un soupçon	d'ail (facultatif)

Préparation :

Peler l'avocat et le couper en morceaux. Placer tous les ingrédients au mélangeur ou au robot culinaire et faire fonctionner jusqu'à l'obtention d'une belle sauce verte ayant la consistance d'une mayonnaise.

Il faut préparer cette vinaigrette juste au moment de servir afin de profiter pleinement de sa belle couleur verte.

☞ *Cette vinaigrette riche et savoureuse se fait en un rien de temps, mais savez-vous qu'elle renferme plein de protéines, de vitamines A, B,C, E et F et de minéraux : une raison de plus pour se faire plaisir.*

Vinaigrette citron-persil

Une vinaigrette pétillante et rafraîchissante, délicatement acidulée, pour accompagner vos salades préférées. L'été, durant les grandes chaleurs, elle est tout simplement irrésistible !

Ingrédients :   **Donne une demi-tasse**

2 c. à soupe	d'huile d'olive (première pression à froid)
2 c. à soupe	de jus de citron frais
le zeste	d'un citron haché finement
1/2 tasse	de persil frais haché
1/4 c. thé	de sel de mer
une pincée	de poivre noir ou de cayenne au goût

Préparation :

Dans un bol, assembler tous les ingrédients et brasser au fouet ou à la fourchette jusqu'à ce que le tout soit bien amalgamé.

Brasser à nouveau juste avant de servir.

Se conserve au réfrigérateur environ une semaine.

☞ *Savez-vous que cette vinaigrette peut « réveiller » les salades les plus ternes ? Pas surprenant, puisqu'elle est bourrée de vitamines A, E et C, ainsi que de chlorophylle.*

216

Mayonnaise dorée à l'avocat

*Faite seulement à partir d'ingrédients sains et natu-
rels, elle est exempte de sucre, de farine, de sel, d'additifs
et de produits raffinés. C'est un vrai régal.*

Ingrédients :   Pour une tasse et demie

6 onces	de jus d'ananas frais (ou du jus commercial non sucré)
1 tasse	d'huile d'olive (première pression à froid)
1	avocat entier, à point
$\frac{1}{2}$ tasse	d'amandes (on peut les remplacer par des pacanes ou d'autres noix aux choix)

Préparation :

Mettre tous les ingrédients, sauf l'avocat, dans le mélangeur ; le faire fonctionner jusqu'à ce que les noix soient
broyées et bien moulues.

Ajouter l'avocat et mélanger 2 minutes de plus, jusqu'à
l'obtention d' une crème onctueuse et épaisse. Conserver
au réfrigérateur.

2 variantes :

• Vous pouvez remplacer le jus d'ananas par du jus de
carotte ou du jus de tomate, vous verrez c'est tout
simplement délicieux.
• Vous pouvez même ajouter un petit peu d'oignon ; ça
relève la saveur.

☞ *Cette succulente mayonnaise regorge de vitamine E ! La belle couleur dorée de la recette de base fait
toujours sensation.*

Mayonnaise émeraude

Un petit truc : *tous les ingrédients doivent être à la température de la pièce.*

Ingrédients :   Donne 1 1/4 tasse

1	œuf
1 c. à soupe	de jus de citron frais
1 pincée	de sel de mer (au goût)
1 gousse	d'ail écrasée
1 tasse	d'huile d'olive (première pression à froid)
1 1/4 tasse	de persil haché, préférablement frais
1/4 tasse	de cresson haché
2 c. à soupe	d'estragon séché

Préparation :

Dans un robot culinaire ou au mélangeur, combiner l'œuf, le jus de citron, le sel, l'ail et mixer 10 secondes ; ceci va « cuire » l'œuf en quelque sorte.

Lorsque c'est fait, verser l'huile très lentement, en filet. Arrêter immédiatement le moteur à la dernière goutte d'huile.

Ajouter les fines herbes et mélanger en quelques coups, jusqu'à ce que la mayonnaise soit d'un beau vert !

☞ *Cette recette appétissante et très économique fait une trempette exquise qui sera appréciée par tous, lors des réceptions entre autres.*

Source : Mme Marie-Luce TREMBLAY

Ma mayonnaise santé

Souvent on aimerait un petit quelque chose pour égayer certains plats ; cette mayonnaise est parfaite ; elle est faite de bons ingrédients, mais ce qui est fantastique, c'est qu'elle contient 90 % moins de gras que celle que vous trouvez dans le commerce (une cuillerée au lieu d'une tasse) et son goût est onctueux.

Ingrédients :   Pour 1 tasse

1 tasse	de tofu (dur ou mou)
1 c. à soupe	d'huile d'olive (première pression à froid)
1 gousse	d'ail écrasée
2¹/₂ c. à soupe	de jus de citron frais
1 c. à soupe	de moutarde forte (type Dijon)
¹/₂ c. thé	de miel cru non pasteurisé (facultatif)
1 pincée	de sel de mer

Préparation :

Écraser votre tofu à la fourchette, transvaser dans une passoire et laisser égoutter pendant 20 minutes.

Mettre le tofu égoutté dans le mélangeur ou le robot, ajouter l'huile d'olive, l'ail, le jus de citron frais, la moutarde et (si on veut) le miel.

Mélanger jusqu'à l'obtention d'une substance crémeuse. Si c'est trop épais, ajouter un peu d'eau (une cuillerée à la fois, mais pas trop d'un coup). Ajouter le sel de mer au besoin.

Conserver au réfrigérateur.

☞ *Cette recette ressemble à s'y méprendre à de la mayonnaise traditionnelle. Si vous préférez le goût de la « sauce à salade » commerciale, ajoutez le miel cru ; vous serez agréablement surpris.*

Duo de sauces à salade

Deux sauces légèrement exotiques qui relèveront toutes vos salades... Une des deux se prépare sans huile. Faciles à préparer, bonnes au goût, que demander de plus ?

Ingrédients :   **Pour 3 portions**

Sauce à salade à l'orientale :	
3 c. à soupe	de vinaigre de cidre de pomme
3 c. à soupe	d'eau
3 c. à soupe	de sauce « tamari »
Sauce à salade sans huile à la « thai » :	
3 c. à soupe	de vinaigre de cidre de pomme
1 ½ c. à soupe	de sauce « tamari »
1 c. à soupe	de moutarde préparée (douce ou forte au goût)

Préparation :

Sauce à salade à l'orientale:

Mêler tous les ingrédients dans un bol ou une bouteille et bien agiter. Servir aussitôt.

Sauce à salade sans huile à la « thai » :

Mêler les ingrédients et brasser jusqu'à l'obtention d'une consistance homogène.

Mayonnaise aux noix de cajou

Les noix aussi peuvent servir à monter une belle mayonnaise. Cette recette est donc idéale pour ceux qui doivent éviter les œufs.

Ingrédients :   Pour ²/₃ tasse

2 c. à soupe	de graines de tournesol nature
2 c. à soupe	de noix de cajou en morceaux
¹/₄ tasse	d'eau
2 c. à soupe	de jus de citron
¹/₄ tasse	d'huile d'olive de première pression à froid
¹/₄ c. thé	de sel de mer

Préparation :

1- Moudre finement les morceaux de noix de cajou et les graines de tournesol au mélangeur.

2- Ajouter l'eau et le jus de citron, bien mélanger.

3- Tout en laissant fonctionner le mélangeur, verser l'huile très lentement par l'orifice du couvercle. Mélanger jusqu'à ce que la préparation devienne lisse et épaisse. Saler au goût.

☞ *Cette mayonnaise contient moitié eau, moitié huile; elle est donc faible en gras, malgré son goût onctueux .*
Conserver au réfrigérateur.

Mayonnaise Péridot à l'avocat

Une belle mayonnaise vert pâle, onctueuse et riche... mais qui ne contient pas d'œuf et, par conséquent, pas de cholestérol.

Ingrédients : Pour ½ tasse

2 c. à soupe	d'avocat bien mûr
1 c. à soupe	de jus de citron
½ tasse	d'huile d'olive de première pression à froid

Préparation :

1- Mettre l'avocat et de jus de citron au mélangeur. Faire fonctionner 30 secondes.

2- Par l'orifice du couvercle, verser l'huile lentement en filet régulier, tout en faisant fonctionner le mélangeur. Continuer jusqu'à l'obtention de la consistance désirée.

☞ *Une délicieuse garniture pour vos salades ou vos sandwichs. Conserver au réfrigérateur.*

Mayonnaise sublime

Une fois qu'on a goûté à de la vraie mayonnaise maison, celles du commerce perdent leur attrait.

Ingrédients :   **Pour 1 tasse**

1	œuf
$\frac{1}{2}$ c. à soupe	de moutarde sèche
$\frac{1}{2}$ c. à soupe	de jus de citron
$\frac{1}{2}$ c. thé	de sel de mer
1 tasse	d'huile de carthame de première pression à froid

Préparation :

1- Mettre l'œuf, la moutarde sèche, le jus de citron et le sel au mélangeur. Faire fonctionner 30 secondes.

2- Ajouter l'huile très lentement, en filet régulier, par l'orifice du couvercle, en continuant de faire fonctionner le mélangeur jusqu'à l'obtention d'une consistance onctueuse et épaisse. Conserver au réfrigérateur.

☞ *Cette mayonnaise ne contient que des gras de très bonne qualité, mais il faut tout de même l'utiliser avec parcimonie.*

Salade de légumes cuits Fascination

Si vous ne digérez pas les crudités, cette salade rafraîchissante est pour vous.

Ingrédients :   **Pour 4 portions**

4	gousses d'ail pelées entières
2	poivrons (verts, rouges ou un de chacun) coupés en lamelles de ½ pouce
1	gros oignon en tranches de ½ pouce
1	courgette en bâtonnets de ½ pouce
2 c. à soupe	d'huile d'olive de première pression à froid
1 c. à soupe	de basilic séché
1 c. à soupe	d'origan séché
sel de mer, poivre ou cayenne au goût	
1	tomate coupée en dés
½ c. à soupe	de vinaigre de cidre de pomme

Préparation :

1- Préchauffer le four à 400°F. Mettre tous les ingrédients sauf le vinaigre dans un plat allant au four (de 8 pouces sur 8), bien mêler et cuire au four 15 minutes, en remuant aux 5 minutes.

2- Ajouter les dés de tomate. Cuire 15 minutes de plus.

3- Au sortir du four, ajouter le vinaigre, remuer et laisser tiédir.

☞ *Cette salade se sert tiède ou complètement refroidie.*

Desserts délicieux

Biscuits à l'avoine Dame Plume

Ce dessert classique est toujours apprécié.

Ingrédients :   **Pour 16 biscuits environ**

1½ tasse	de flocons d'avoine écrasés entre les mains
1 c. à soupe	de farine (blé entier, kamut ou épeautre)
2	pommes pelées et râpées sans cœur ni pépins
1 c. à soupe	d'huile de carthame de première pression à froid
1 c. thé	de vanille
½ tasse	de raisins secs
¼ tasse	de noix hachées (amandes ou de Grenoble)
¼ tasse	d'eau bouillante

Préparation :

1- Préchauffer le four à 350°F. Dans un bol, mélanger à la fourchette tous les ingrédients.

2- Couvrir avec une assiette et laisser reposer 15 minutes.

3- Déposer à la cuiller sur une plaque non graissée, et cuire dans le haut (tiers supérieur) du four de 10 à 12 minutes.

☞ *Les biscuits doivent toujours être cuits dans le haut du four, sans quoi ils durcissent.*

Biscuits Marie Quat'poches
à l'avoine

Croyez-moi, trois douzaines, ce n'est pas trop.

Ingrédients :
Pour 3 douzaines

1 tasse	d'eau
1 tasse	de raisins secs
4 tasses	de flocons d'avoine
1 tasse	de farine (blé entier «à pâtisserie» ou épeautre)
$^2/_3$ tasse	de graines de tournesol nature
$^1/_4$ c. thé	de cannelle
1 pincée	de sel de mer
$^1/_3$ tasse	d'huile de carthame de première pression à froid
$^1/_3$ tasse	de sirop de riz
1 c. thé	de vanille

Préparation :

1- Préchauffer le four à 375°F. Dans une casserole, combiner l'eau et les raisins secs. Amener à ébullition et laisser mijoter 10 minutes à découvert.

2- Pendant ce temps, dans un grand bol, mêler les flocons d'avoine, la farine, les graines de tournesol, la cannelle et le sel de mer. Réserver. Dans un autre bol, battre l'huile de carthame, le sirop de riz et la vanille.

3- Réduire les raisins et l'eau en purée au robot; ajouter cette pâte aux ingrédients secs, brasser à la cuillère puis ajouter les ingrédients liquides.

4- Huiler légèrement deux plaques à biscuits. Déposer une cuillerée de mélange à la fois et l'aplatir à la fourchette pour former chaque biscuit.

5- Cuire 15 minutes dans le tiers supérieur du four. Retourner les biscuits à l'aide d'une spatule et cuire 10 minutes de plus.

☞ *Faites-en un peu d'avance, vous verrez !*

Biscuits moelleux Doudou

Tout le monde aime les biscuits, les adultes comme les enfants. Qui n'a pas, à l'occasion, cette envie irrésistible d'aller dans la jarre à biscuits et d'en prendre un ou deux ?

Ingrédients :   Pour 12 à 18 biscuits

1 ¼ tasse	de farine de blé entier à pâtisserie
1 ½ c. thé	de poudre à pâte sans alun
1 tasse	de pépites de caroube non sucrées
1 c. thé	de vanille
⅓ tasse	d'huile de carthame de première pression à froid
½ tasse	de jus d'ananas non sucré
½ tasse	d'ananas broyé non sucré (en conserve), et bien égoutté
1	œuf battu

Préparation :

1- Préchauffer le four à 350°F. Dans un grand bol, mélanger la farine, la poudre à pâte et les pépites de caroube. Réserver.

2- Dans un autre bol, mêler les autres ingrédients. Ajouter les ingrédients liquides aux ingrédients secs et bien mélanger.

3- Déposer à la cuiller sur une plaque légèrement huilée. Cuire environ 15 minutes.

☞ *Mon amie, la chef Lyne Couture, m'a appris que l'on devait toujours cuire les biscuits sur la grille du haut, ce qui les empêche de brûler en dessous. Je l'ai essayé et ça marche à merveille.*

Biscuits romanichel à l'avoine et aux noix

Délicieux et très sucrés... sans qu'on ait besoin d'utiliser de sucre ou de miel.

Ingrédients :   **Pour 18 biscuits environ**

1 tasse	de flocons d'avoine
1 tasse	de farine de blé entier à pâtisserie ou d'épeautre
$^1/_3$ tasse	d'huile de carthame de première pression à froid
$^1/_3$ tasse	de noix hachées
$^1/_2$ tasse	de dattes hachées ou de raisins secs
1	banane écrasée
$^1/_2$ tasse	de jus de pomme non sucré

Préparation :

1- Préchauffer le four à 350°F. Mêler l'avoine et la farine de blé entier (ou d'épeautre). Ajouter l'huile, puis dans l'ordre, la banane, le jus de pomme, les noix et les dattes ou les raisins.

2- Déposer à la cuiller sur une tôle à biscuits légèrement graissée. Cuire environ 25 minutes.

☞ *Une collation savoureuse pour les enfants après l'école.*

Brownies « magie noire »

De beaux brownies sans gras, sans œuf, sans blé, sans sucre raffiné et sans chocolat, vous pensiez que ce serait trop beau pour être vrai ? Voici ma recette « magique ».

Ingrédients :   Pour 20 portions

3	grosses bananes bien mûres
$^3/_4$ tasse	de poudre de caroube non sucrée
$^3/_4$ tasse	de jus de pruneaux non sucré
1 c. thé	de vanille
2 $^1/_3$ tasses	de flocons d'avoine

Préparation :

1- Préchauffer le four à 400°F. Écraser les bananes à la fourchette, ajouter la poudre de caroube, le jus de pruneaux et la vanille ; bien mélanger. Ajouter ensuite les flocons d'avoine et laisser gonfler 5 minutes.

2- Verser la préparation dans un moule de 9 pouces sur 9 pouces légèrement huilé. Lisser le dessus avec une spatule. Cuire au four de 20 à 25 minutes, tester au cure-dent.

3- Sortir du four, laisser reposer 15 minutes et couvrir d'une pellicule de plastique jusqu'au moment de servir.

☞ *Seulement des ingrédients sains et voilà un dessert à s'en lécher les babines.*

Choux à la crème Caprice
Timbales Caprice

Une recette passe-partout qui plaît à tous.

Ingrédients : **Pour 12 gros choux ou 12 timbales**

1 tasse	d'eau
½ tasse	d'huile d'arachide de première pression à froid
1 tasse	de farine de blé entier (ou d'épeautre)
½ c. thé	de sel de mer
4	œufs

Préparation :

1- Préchauffer le four à 425°F.

2- Dans une casserole, combiner l'eau et l'huile d'arachide. Amener à ébullition et ajouter d'un coup sec la farine et le sel de mer. Battre jusqu'à ce que le tout forme une « masse ». Retirer du feu, laisser refroidir 2 minutes.

3- Ajouter le premier œuf en battant à la cuillère de bois, jusqu'à ce que la préparation perde son luisant. Ajouter le second et puis les suivants, un à un, de la même manière.

4- Sur une plaque légèrement huilée, déposer un quart de tasse pour chaque chou (ou timbale), en laissant suffisamment d'espace (au moins 2 pouces) entre chacun.

5- Cuire dans le haut (tiers supérieur) du four 15 minutes à 425°F, puis baisser la température du four à 375°F et laisser cuire 15 minutes de plus.

6- Laisser refroidir. Avec un couteau, découper la calotte et évider. Farcir uniquement au moment de servir.

☞ *Vous pouvez évidemment remplir de crème fouettée, mais vous pourriez tout aussi bien remplir avec « Ma crème glacée aux bananes » ou encore avec une préparation salée comme le Tofu à la King que vous trouverez dans ce livre. Seul, avec un soupçon de beurre, c'est délicieux.*

Compote tutti-frutti

Cette compote à base de fruits séchés fait un délicieux accompagnement ou un dessert savoureux.

Ingrédients :   Pour 6 portions

1 tasse	de dattes coupées en 4
1 tasse	d'abricots séchés coupés en 2
1 tasse	de figues séchées coupées en 4
1 $\frac{1}{2}$ tasse	de pommes pelées et coupées en tranches fines
4 tasses	d'eau (environ)
1 c. à soupe	d'agar-agar (disponible à votre magasin d'aliments naturels) ou de farine de maranta ou d'arrowroot
$\frac{1}{2}$ c. à soupe	de zeste de citron râpé
$\frac{1}{2}$ c. à soupe	de zeste d'orange râpé
Cannelle et muscade, au goût	

Préparation :

1- Mettre tous les fruits dans une casserole et verser l'eau pour bien les recouvrir : il doit y avoir 1 $\frac{1}{2}$ pouce d'eau par-dessus les fruits (en ajouter au besoin).

2- Amener à ébullition, réduire le feu et laisser mijoter 3 minutes. Ajouter l'agar-agar (ou la farine de maranta ou l'arrowroot, au choix) dilué dans un peu d'eau, la cannelle, et la muscade. Laisser mijoter 3 minutes de plus.

3- Ajouter le zeste d'orange et de citron.

☞ *Ce dessert est délicieux chaud... et il est encore meilleur froid. Essayez-le donc sur des rôties de pain complet demain matin !*

Croûte de tarte super-facile Jinnie

Cette croûte de tarte est si facile à réussir que même les débutants n'auront plus d'excuses pour ne pas la faire eux-mêmes.

Ingrédients :

Pour un fond de tarte de 9 pouces

1 tasse	de farine de blé entier « à pâtisserie » (attention : la farine de blé entier ordinaire ne donne pas le même résultat)
¼ c. thé	de sel de mer
¼ tasse	d'huile d'arachide de première pression à froid
3 c. à soupe	d'eau

Préparation :

1- Préchauffer le four à 375°F.

2- Dans un moule à tarte de 9 pouces de diamètre, tamiser la farine et le sel. Dans un bol, verser l'eau et l'huile et bien brasser, jusqu'à ce qu'elles s'amalgament l'une à l'autre.

3- Verser ce liquide graduellement sur votre farine dans le moule par petits filets et remuer délicatement afin que tout soit bien humecté.

4- Presser la pâte avec les doigts afin de l'appuyer contre les parois du moule et de lui donner une épaisseur égale partout. Piquer ensuite à la fourchette uniformément, sans oublier le fond ni les côtés.

5- Faire cuire le fond de tarte vide de 15 à 20 minutes, ou encore le remplir de garniture et suivre la recette appropriée.

☞ *Ce fond de tarte est idéal pour vos quiches, vos tourtières de millet ou de seitan, ou encore, à l'occasion, pour confectionner des tartes aux fruits sans sucre (comme la tarte aux pommes et aux raisins secs).*

Gâteau aux fruits Danièle
sans cuisson

Cette recette est mon adaptation d'un gâteau de Danièle Starenkyj.

Ingrédients :   Pour 1 gâteau (10 portions)

1 tasse	de dattes coupées en morceaux
1 tasse	de raisins secs
1 tasse	de flocons d'avoine (ou de kamut) moulus au robot
$^2/_3$ tasse	de germe de blé
1 tasse	d'amandes émiettées (au robot ou au moulin à café)
1 tasse	de jus d'orange frais ou de jus d'ananas
1 $^1/_2$ tasse	de fruits séchés assortis hachés en morceaux (à la rigueur de fruits confits)
le zeste d'un citron	

Facultatif

1 c. à soupe	de brandy à l'orange, d'Amaretto, de cognac, de rhum, de Cointreau ou de liqueur de noisette.

Préparation :

1- Faire cuire les dattes et les raisins secs à la vapeur 5 minutes.

2- Mettre ce mélange dans un bol et ajouter l'avoine ou la kamut, le germe de blé, les amandes émiettées, le jus d'orange (ou d'ananas), les fruits séchés et le zeste de citron. Si on le désire, ajouter la cuillerée à soupe d'alcool.

3- Mélanger avec les mains. Tasser dans un moule à pain tapissé de papier ciré. Mettre un poids dessus et laisser au frigo au moins 2 jours.

☞ *Cette recette sans cuisson est sensationnelle pour le temps des Fêtes... et sa confection ne monopolisera pas votre fourneau!*

Key-lime pie « la Florida »

La tarte à la limette ou « Key-lime pie » est le dessert national de la Floride. Lors de mon dernier voyage là-bas, j'ai mis au point cette version "santé" tout aussi délicieuse que l'originale. Essayez-la, c'est un vrai régal!

Ingrédients :   **Pour une tarte**

1	abaisse de tarte déjà cuite (commerciale ou la « croûte super-facile » que vous trouverez dans cette section)
$1/2$ tasse	de jus de limette
4 c. à soupe	de flocons d'agar-agar (magasin d'aliments naturels)
2 paquets	(10 $1/4$ onces chacun) de tofu mou « Morinu »
$2/3$ tasse	de sirop de riz
le zeste	de 2 limettes râpées
3 gouttes	d'huile d'essentielle de citron (facultatif)
2 gouttes	de chlorophylle liquide (ou de colorant végétal vert) pour la couleur
3 c. à soupe	de noix de coco râpée non sucrée

Préparation :

1- Porter doucement à ébullition le jus de limette; aussitôt qu'il commence à frémir, ajouter l'agar-agar et cuire jusqu'à dissolution, de 10 à 20 secondes. Ne pas cuire davantage.

2- Verser le jus dans le robot, ajouter le tofu mou, le sirop de riz, le zeste de limette, l'huile essentielle de citron (facultatif) et le colorant végétal ou la chlorophylle (pour la tarte à la limette seulement). Mêler quelques secondes.

3- Déposer le mélange dans l'abaisse. Garnir avec la noix de coco râpée. Réfrigérer au moins 4 heures avant de servir.

☞ Variantes

Vous n'avez pas de limettes ? Qu'importe !

- Vous pouvez les remplacer par du citron et faire ainsi une belle **Tarte au citron à l'anglaise** ...

- Ou encore opter pour des oranges et obtenir une **Tarte des îles à l'orange**.

Deux autres desserts fantastiques !

Brownies à la caroube de Sylvie

*On peut être naturopathe et aimer les bonnes choses...
en voici la preuve!*

Ingrédients :   **Pour 8 à 10 portions**

¹/₂ tasse	de tofu émietté
¹/₂ tasse	de miel (si possible parfumé)
1 c. thé	de vanille
2 c. à soupe	d'huile de carthame de première pression à froid
²/₃ tasse	de farine d'épeautre ou de farine de blé mou (à pâtisserie)
¹/₂ c. thé	de poudre à pâte sans alun
¹/₄ tasse	de poudre de caroube non sucrée
1 tasse	de capuchons de caroube non sucrés

Préparation :

1- Préchauffer le four à 350°F. Mêler le tofu émietté, le miel, la vanille, les capuchons de caroube et l'huile de carthame. Réserver.

2- Tamiser ensemble la farine, la poudre de caroube et la poudre à pâte. Ajouter le mélange humide au mélange sec et bien mélanger.

3- Verser dans un moule légèrement huilé, et cuire au four 20 minutes, ou jusqu'à ce que la pâte rebondisse au toucher.

☞ *Cette recette m'a été donnée par ma grande amie, la naturopathe Sylvie Leblanc.*

Le gâteau de Thérèse

Voici trois savoureuses recettes de gâteaux qui réjouiront les palais les plus difficiles.

Ingrédients :   Pour 1 gâteau (8 portions)

2 tasses	de farine de blé entier « à pâtisserie »
2 c. thé	de poudre à pâte sans alun
$^3/_4$ tasse	de dattes hachées finement
2	œufs
$^1/_3$ tasse	d'huile d'arachide ou de carthame (première pression à froid)
$^1/_3$ tasse	de miel (cru non pasteurisé)
$^1/_4$ tasse	de lait de soya

Préparation :

Préchauffer le four à 350°F. Huiler et enfariner un moule en couronne (ou un moule à gâteau des anges ou des moules à muffins).

Tamiser ensemble la farine et la poudre à pâte, puis ajouter les dattes hachées très finement. Réserver.

Battre les deux œufs, ajouter l'huile d'arachide et le miel et mélanger. Verser le lait de soya et mélanger à nouveau. Ajouter ce mélange graduellement aux ingrédients secs et bien brasser.

Disposer dans le moule de votre choix et faire cuire

– de 12 à 15 minutes pour des moules individuels ou
– de 35 à 45 minutes pour un moule en couronne.

2 autres variantes :

Gâteau aux raisins et aux noix

Suivre la même recette mais remplacer les $^3/_4$ de tasse de dattes hachées par

– $^1/_2$ tasse de raisins secs et $^1/_2$ tasse de noix hachées à votre choix.

Gâteau « chocolat-chips »

Suivre la recette de base mais remplacer les dattes par

- 2 c. à thé de poudre de caroube et ½ tasse de pépites de caroube non sucrée.

Source : Cette recette me vient d'une compagne de voyage, Thérèse L.L. avec qui j'ai vogué sur la Méditerranée.

Le gâteau d'Irène

Voici un gâteau sans sucre absolument délicieux.

Ingrédients :   **Pour 1 gâteau (8 portions)**

2 tasses	de raisins secs
1 tasse	de dattes hachées
1 orange	en morceaux, avec son zeste et son jus
1 c. thé	de cannelle
1 c. thé	de muscade
2 tasses	d'eau
1 tasse	de farine de blé entier (à pâtisserie)
1 tasse	de flocons d'avoine
$\frac{1}{2}$ tasse	d'huile d'arachide ou de carthame (première pression à froid)
2 c. thé	de poudre à pâte sans alum
1 c. thé	de sel
$\frac{1}{2}$ tasse	de noix hachées
1 c. thé	d'essence d'orange ou de citron

Préparation :

Préchauffer le four à 350°F.

Dans une casserole, mettre les raisins secs, les dattes hachées, l'orange, la cannelle, la muscade, et l'eau. Porter à ébullition et laisser mijoter 10 minutes.

Retirer du feu, ajouter l'huile d'arachide ou de carthame, et laisser tiédir.

Ajouter alors l'essence d'orange ou de citron.

Dans un bol, mêler la farine de blé entier, le gruau, le soda, le sel, et les noix hachées. Ajouter les ingrédients secs aux ingrédients humides et mélanger.

Mettre la pâte dans un moule à gâteau des anges ou autre et faire cuire 1 heure, jusqu'à ce qu'un cure-dent en ressorte sec.

Laisser refroidir et démouler.

☞ **Source** : *Cette délicieuse recette a été mise au point par Madame Irène Parent.*

Gâteau de la Saint-Valentin

Incroyable, mais ce délicieux dessert au « chocolat noir » est fait avec de la caroube... Une occasion de gâter ceux qu'on aime, le 14 février ... ou quand le cœur vous en dit !

Ingrédients :   Pour 1 gâteau (8 portions)

1 ¹/₂ tasse	de farine de blé entier à pâtisserie
2 c. thé	de poudre à pâte sans alun
¹/₄ de tasse	de caroube en poudre
2 tasses	de lait de soya
1 c. thé	de jus de citron frais
¹/₃ tasse	d'huile de carthame (première pression à froid)
¹/₃ tasse	de sirop d'érable, ou de purée de dattes (ou d'abricots)
1	banane moyenne bien mûre écrasée
1 c. thé	de vanille

Préparation :

Préchauffer le four à 350°F.

Huiler et enfariner un moule rond ou carré de 8 pouces, ou mieux, un moule en forme de cœur.

Tamiser ensemble la farine de blé entier, la poudre à pâte et la caroube en poudre ; réserver.

Dans un grand bol, mêler le lait et le jus de citron frais et bien remuer. Puis ajouter l'huile de carthame, le sirop (ou encore la purée de dattes ou d'abricots), la banane et la vanille et bien mêler.

En 2 ou 3 fois, ajouter les ingrédients secs aux ingrédients humides, puis mélanger doucement à la main. Ne pas trop brasser. Transvaser dans le moule.

Faire cuire au centre du four de 20 à 25 minutes, jusqu'à ce qu'un cure-dent ressorte sec du gâteau.

Laisser refroidir avant de démouler.

☞ *C'est si bon que Cupidon en oubliera son arc et ses flèches !*

Le gâteau d'Anne-Marie

Cet excellent gâteau est l'équivalent d'un gâteau blanc. C'est ma version santé d'une recette de base et vous pouvez le servir de plusieurs façons, l'agrémenter d'un coulis de fruits de saison, de framboises fraîches, de kiwis, de bleuets. Les enfants en raffolent.

Ingrédients :   Pour 1 gâteau (8 portions)

½ tasse	de lait de soya nature
1 c. thé	de jus de citron frais
⅓ tasse	d'huile d'arachide ou de carthame (première pression à froid)
1	œuf
⅓ tasse	de sirop d'érable
1 c. thé	de vanille
1 ½ tasse	de farine de blé entier « à pâtisserie »
2 c. thé	de poudre à pâte sans alun

Préparation :

Préchauffer le four à 350°F. Huiler et enfariner un moule à gâteau d'environ 8 pouces.

Mêler le jus de citron au lait de soya et laisser reposer quelques minutes. Pendant ce temps, tamiser ensemble la farine de blé entier et la poudre à pâte.

Dans un grand bol, verser le lait de soya et le jus de citron, l'huile d'arachide, le sirop d'érable, l'œuf, et la vanille. Battre vigoureusement.

Ajouter graduellement les ingrédients secs aux ingrédients humides et bien mélanger, sans trop brasser toutefois. Verser la pâte dans le moule.

Faire cuire de 20 à 25 minutes. Laisser refroidir et garnir à votre goût.

☞ *Ce gâteau disparaît très vite...*

Gâteau renversé aux pommes

Une nouvelle façon d'utiliser notre fruit national pour se sucrer le bec !

Ingrédients : Donne 1 gâteau (8 à 10 portions)

1 c. à soupe	de beurre
1 c. à soupe	de miel
2 tasses	de pommes pelées, épépinées et coupées en fines tranches
1 tasse	de farine de blé entier (à pâtisserie)
2 c. thé	de poudre à pâte sans alun
1 œuf ou	½ banane écrasée
⅓ de tasse	de sirop d'érable
¼ de tasse	d'huile de carthame (première pression à froid)
3 c. à soupe	d'eau
1 c. thé	de vanille
cannelle et muscade au goût	

Préparation :

Préchauffer le four à 350°F.

Dans un moule carré de 8 pouces, mettre le beurre et le miel et faire fondre sur un feu très doux ou au four quelques minutes.

Lorsque le beurre et le miel sont fondus, ajouter vos pommes tranchées et saupoudrer de cannelle et de muscade. Réserver.

Dans un bol, tamiser ensemble la farine et la poudre à pâte. Dans un autre bol, battre l'œuf (ou mettre la banane écrasée), ajouter le sirop d'érable, l'huile de carthame, l'eau et la vanille et mélanger.

Ajouter les ingrédients secs aux ingrédients liquides et brasser à la cuiller de bois. Éviter de trop brasser. Verser ce mélange sur les pommes et cuire au centre du four 30 minutes.

Laisser refroidir et renverser sur un plat de service.

☞ *C'est une excellente façon d'utiliser les pommes en saison !*

La pâte à tarte de Lyne

Une pâte à tarte toute simple qu'il vous faut absolument essayer !

Ingrédients :   **Pour 1 abaisse**

³/₄ tasse	de farine de blé entier à pâtisserie
¹/₄ tasse	de germe de blé
1 c. thé	de poudre à pâte sans alun
1 c. thé	de soda à pâte
une pincée	de sel
6 c. à soupe	de lait de soya nature
5 c. à soupe	d'huile de carthame (première pression à froid)

et si c'est pour une quiche :

une pincée d'origan

Préparation :

Préchauffer le four à 350°F.

Mêler les ingrédients secs : la farine, le germe de blé, le sel, la poudre à pâte et le soda (ainsi que l'origan si on fait une tarte salée).

Ajouter ensuite le lait de soya et l'huile de carthame et mélanger.

Pour abaisser, disposer la pâte entre deux papiers cirés, sans enfariner et passer le rouleau.

Garnir selon votre recette, ou cuire vide au four 35 minutes et remplir l'abaisse par la suite.

☞ **Source : Ceci est un autre secret de mon amie, le chef, Lyne Couture.**

Pâte à tarte « éclair »

Une recette si facile... que ça ne vaut plus la peine de prendre de la pâte toute faite !

Ingrédients :   **Pour 2 abaisses**

2 tasses	de farine de blé entier (farine à pâtisserie)
½ c. à thé	de sel de mer
¼ tasse	d'huile d'arachide (première pression à froid)
4 à 8 c. à soupe	d'eau très froide au besoin

Préparation :

Préchauffer le four à 350°F.

Dans un grand bol, bien mélanger la farine, le sel et l'huile. Au besoin, ajouter de l'eau bien froide : la pâte doit être très élastique.

Abaisser comme d'habitude, vous obtiendrez alors deux abaisses.

Faire cuire au four à 350°F de 15 à 20 minutes et garnir en suivant la recette de votre choix.

☞ *Cette recette donne des fonds de tarte aussi bons à savourer que pour votre santé ; il ne reste qu'à ajouter la garniture de votre choix.*

La compote de pommes rose d'Anne-Marie

*Super facile, super rapide, super santé et super bonne...
est cette compote d'un beau rose vif ne coûte rien !*

Ingrédients :   Pour 6 portions

6	belles grosses pommes
2 c. à soupe	d'eau
1 c. thé	de vanille
quelques gouttes de jus de citron	
cannelle et muscade au goût	

Préparation :

Laver les pommes soigneusement en les brossant bien.
Les couper en 4 et mettre ces morceaux avec la pelure, le
cœur et les pépins dans une casserole avec l'eau.

Couvrir et cuire à feu vif 10 minutes.

Retirer du feu mais laisser le couvercle pour laisser
gonfler pendant 10 autres minutes.

Passer au presse-purée. Ajouter la vanille, le jus de citron
ainsi que la cannelle et la muscade au goût.

Conserver au réfrigérateur.

☞ *Vous avez maintenant une belle compote de pommes
si rose que vous aurez du mal à faire croire que la couleur
est naturelle. Elle est parfaite pour napper un dessert,
pour glacer un gâteau ou telle quelle, sur des rôties de
pain complet au déjeuner.*

Gâteau suisse Appenzel

Voici une recette que j'ai glanée lors de mon séjour en Suisse dans la ravissante région d'Appenzel, près de Zurich. Ce dessert moelleux et appétissant a un petit goût bien spécial.

Ingrédients :   **Pour 1 gâteau (8 portions)**

8	crêpes cuites (voir la recette « crêpe passe-partout »)
1 tasse	de compote de pommes non sucrée (voir « la compote de pommes rose d'Anne-Marie »)
1/2 tasse	de raisins secs
1/2 tasse	d'eau
1/4 tasse	d'amandes effilées
1 ou 2 c. à soupe	d'Amaretto ou de liqueur au choix (facultatif)

Préparation:

Préchauffer le four à 350°F.

Faire tremper les raisins dans l'eau (ou l'eau additionnée d'Amaretto) pendant 2 ou 3 heures.

Placer une crêpe au fond d'un plat allant au four, napper de 2 c. à soupe de compote de pommes et de quelques raisins égouttés. Mettre une deuxième crêpe par-dessus, puis de la compote et des raisins et répéter l'opération jusqu'à ce qu'il ne reste plus de crêpe.

Recouvrir la dernière crêpe de compote, de raisins et garnir d'amandes effilées.

Mettre au four environ 20 minutes et servir.

Variantes :

On peut remplacer les raisins par des abricots secs, la compote de pommes par de la compote de poires, les amandes par de la noix de coco fraîche râpée, etc.

☞ *Garder ce qui reste au réfrigérateur ; ce dessert est délicieux chaud ou froid.*

Biscuits « Bananamandes »

Il faut vraiment voir préparer cette recette pour croire que ces savoureux biscuits ne contiennent pas du tout de sucre.

Ingrédients :   **Pour 12 biscuits**

1 tasse	de dattes dénoyautées finement hachées
1/2 tasse	d'amandes hachées (au robot ou au moulin à café)
1/3 tasse	d'huile de carthame (première pression à froid)
2 tasses	de flocons d'avoine
3 bananes	bien mûres, écrasées
1 c.thé	d'essence de vanille

Préparation :

Dans un grand bol, mettre tous les ingrédients et bien les mêler avec une grosse cuiller de bois. Laisser reposer de 30 à 45 minutes.

Préchauffer le four à 350°F.

Déposer la pâte à l'aide d'une cuiller sur une plaque à biscuits au fini antiadhésif (sinon on peut huiler et enfariner une plaque ordinaire). Cuire au centre du four de 20 à 25 minutes.

☞ *Quelqu'un que vous connaissez prétend qu'il n'aime pas les recettes santé ? Laissez-le seul avec ces biscuits, et on verra bien !*

Les amandes émincées qu'on retrouve sur le marché ont perdu beaucoup de fraîcheur et beaucoup de leur valeur alimentaire... Pourquoi ne pas les acheter entières et les moudre vous-même au robot ou au moulin à café ?

Jello joyeux

Un petit dessert tout léger, à l'occasion...

Ingrédients :   Pour 4 à 6 portions

2 tasses	jus de pomme non sucré
5 c. à soupe	de flocons d'agar-agar
1 tasse	de fraises fraîches
½ c. à thé	de vanille
un trait	de jus de citron frais
une pincée	de sel de mer (facultatif)

Préparation :

Dans une casserole, porter à ébullition le jus de pomme et l'agar-agar. Laisser mijoter de 7 à 8 minutes, jusqu'à ce que les flocons d'agar-agar soient complètement dissous.

Éteindre le feu, ajouter en brassant les autres ingrédients ; verser le tout dans un moule ou un plat creux et laisser prendre au réfrigérateur (une heure environ).

☞ *C'est un peu plus long que les préparations instantanées, mais goûtez-y et vous verrez que ça valait la peine d'attendre !*

Deux variantes :

Menthe rafraîchissante :

Omettre les fraises et la vanille ; les remplacer par du melon coupé en petits morceaux et quelques feuilles de menthe fraîche. L'été surtout, c'est un vrai régal !

Régal des îles

Au lieu du jus de pomme et des fraises, mettre du lait de coco et des tranches de bananes. Délicieusement exotique !

Pudding au riz « Sourire »

On aime tous ce dessert bien de chez nous... Mais saviez-vous qu'on pouvait en faire une version santé? Une façon fantastique de se sucrer le bec !

Ingrédients : Pour 6 portions

1 ½ tasse	de riz complet cuit
1 ½ tasse	de lait de soya nature
¼ c. thé	de sel de mer
³⁄₄ tasse	de raisins secs
1 c. à soupe	de vanille
1 c. à soupe	d'huile de carthame (première pression à froid)
1	belle grosse pincée de cannelle
1	belle grosse pincée de muscade

Préparation :

Préchauffer le four à 350°F.

Bien mélanger le tout et le verser dans un moule anti-adhésif. On peut aussi utiliser un moule ordinaire que l'on aura légèrement huilé.

Mettre au four et faire cuire 30 minutes.

☞ *Une vraie petite gâterie pour ceux que vous aimez... mais gardez-en une petite portion pour vous !*

Poires au coulis de framboises

Vous aimeriez bien vous sucrer le bec avant de sortir de table... mais vous voulez aussi faire attention à ce que vous mangez. Vous pouvez faire les deux à la fois ; en fait, cette recette est digne de terminer en beauté un repas gastronomique.

Ingrédients :   **Pour 4 portions**

2	belles poires
Pour le coulis	
1/4 tasse	de framboises congelées (décongelées)
	le jus d'une orange
2 c. à soupe	d'eau
1 pincée	de cannelle ou de muscade (au choix)
Pour la présentation :	
Des feuilles de menthe fraîche **ou** des amandes effilées.	

Préparation :

Préchauffer le four à 350°F.

Pour apprêter les poires, il suffit de bien les laver et de les couper en deux. Ne pas les peler, mais retirer le cœur et les pépins à l'aide d'une cuillère.

Placer les poires dans un plat allant au four, la cavité vers le haut. Réserver.

Pour préparer le coulis, passer au robot ou au mélangeur :

les framboises congelées et décongelées, le jus d'orange, les 2 cuillerées à soupe d'eau et la pincée de cannelle (ou de muscade).

Préparation :

Verser le coulis sur les poires, bien les recouvrir et cuire 30 minutes.

Pour servir, placer une demi-poire par assiette, napper du jus de cuisson, et décorer de menthe fraîche ou d'amandes effilées.

☞ *Normalement, on compte une demi-poire par personne, mais faites-en donc un peu plus... au cas où !*

Mousse veloutée aux pruneaux

Cette mousse onctueuse est un dessert du tonnerre...
Mais pour changer, pourquoi ne pas l'essayer au petit
déjeuner. Mêlée à des céréales ou des noix, elle vous
permettra de faire le « plein d'énergie ».

Ingrédients :   Pour 4 à 6 portions

1 tasse	de pruneaux
$^3/_4$ tasse	d'eau
8 onces	de tofu mou « silken » (il se vend aussi en paquet de 8 onces)
1 pincée	de sel de mer (facultatif)
$^1/_3$ tasse	d'amandes ou de noix hachées grossièrement (facultatif)

Préparation :

Mettre les pruneaux dans une casserole avec $^3/_4$ de tasse d'eau. Porter à ébullition, puis couvrir et laisser mijoter jusqu'à ce que les pruneaux soient tendres, environ 15 minutes.

Retirer les pruneaux et les réserver, mais laisser la casserole sur le feu afin de faire diminuer l'eau de cuisson jusqu'à ce qu'il n'y en reste que $^1/_2$ tasse.

Lorsque les pruneaux sont tiédis, retirer les noyaux et couper la chair en petits morceaux. La mettre dans le mélangeur ou le robot avec le tofu et le sel. Faire fonctionner l'appareil à plusieurs reprises, en arrêtant de temps à autre afin d'essuyer les côtés de la jarre à la spatule pour bien répartir le mélange.

Ajouter les noix (si on le désire) et brasser à la main, puis transvaser dans un grand plat ou dans des coupes individuelles et réfrigérer.

☞ *Ce « poudding » velouté ne contient ni sucre, ni gras, ni cholestérol, mais il regorge de protéines... Pourtant, c'est son goût qui le rend si populaire.*

Cossetarde aux dattes
« mille étoiles »

Ceux qui pensent qu'il est impossible de manger santé et de se sucrer le bec n'ont qu'à essayer d'y résister !

Ingrédients :   Pour 6 à 8 portions

1 ½ tasse	de dattes dénoyautées
1 ¼ tasse	ou un paquet de 10 ¼ oz de tofu mou « silken »
1 c. à soupe	de zeste d'orange

Préparation :

Hacher grossièrement les dattes, les couvrir d'eau et les laisser reposer de 2 à 3 heures. Ensuite, les égoutter et les mettre au robot culinaire avec le tofu mou. Réduire le tout en crème.

Ajouter le zeste d'orange et réfrigérer quelques heures (au moins deux) afin de faire épaissir le mélange avant de servir.

Ne pas s'en faire si le mélange est liquide, il épaissira au froid.

☞ *Dans des coupes individuelles, les enfants en raffolent !*

Mes bananes à la Royale

Voici ma version santé d'un dessert vietnamien bien connu. Quelle façon spectaculaire de terminer un repas spécial !

Ingrédients :   **Pour 4 portions**

4	bananes
le zeste	d'un citron frais haché fin
3 c. à soupe	d'eau
le jus	de ½ citron
3 c. à soupe	de marmelade d'oranges (en choisir une non sucrée et sans miel, « sucrée au jus de fruit »

feuilles de menthe fraîche **ou** zeste d'orange pour décorer

Préparation :

Préchauffer le four à 400°F.

Couper le bout des bananes et, à l'aide d'un couteau bien tranchant, faire une incision sur toute la longueur mais ne pas enlever la pelure. Disposer sur une tôle à biscuits et faire cuire, dans la pelure, 15 minutes.

Pendant ce temps, préparer la sauce. Mélanger le zeste finement haché d'un citron, l'eau, le jus d'un demi-citron et la marmelade d'oranges non sucrée. Faire cuire à feu doux 3 minutes.

Sortir les bananes du four (faire attention de ne pas se brûler) et retirer la pelure ; elles vont se dérouler facilement. Les rouler aussitôt dans la sauce pour éviter qu'elles ne noircissent.

Garnir de feuilles de menthe fraîche ou de zeste d'orange. Servir chaud ou froid.

☞ *Ce plat qui impressionne toujours les convives peut se préparer à l'avance.*

Fruits séchés à la méditerranéenne

Rappelons-nous que le sucre a un effet dévastateur sur la santé et le système immunitaire... mais ça ne veut pas dire qu'on doive absolument se priver de desserts. En voici un qui vient de l'autre côté de l'Atlantique et qui vous permettra de calmer vos rages de sucre.

Ingrédients :   Pour 6 portions

500	grammes de fruits séchés tels abricots, raisins, pruneaux, figues. Autant que possible, achetez-les non sulfurés et sans additifs. Lorsque vous irez à votre boutique d'aliments naturels, vous trouverez plein d'autres variétés appétissantes : papaye, poires, pommes, etc.
un bâton de cannelle	
de la muscade fraîchement râpée	
une pincée de clous de girofle moulus	

Préparation :

Placer les fruits séchés et les épices dans une casserole, ajouter suffisamment d'eau pour bien les recouvrir. Porter à ébullition, couvrir et laisser mijoter doucement pendant une heure en remuant occasionnellement.

À la fin de la cuisson, retirer le bâton de cannelle.

☞ *J'ai glané cette recette lors d'une croisière sur la mer Méditerranée ; j'étais ravie de trouver une façon si savoureuse d'apprêter les fruits séchés. La version que je vous propose est si simple à préparer et se sert chaude ou froide... Vous pouvez même en manger au petit déjeuner.*

Ma crème glacée aux bananes

Manger froid est toujours un choc pour l'organisme ; cela perturbe l'appareil digestif et les intestins et ralentit la digestion. Toutefois, cette crème glacée est un petit « régal » qu'on peut s'offrir à l'occasion.

Ingrédients :   Pour 2 ou 3 portions

---

2 bananes bien à point (choisissez les tigrées)

Facultatif :

   Fruits frais, coulis de fruits ou amandes effilées

Préparation :

Peler les bananes et les couper en rondelles.

Les mettre dans un sac à congélation (du type « Zip-lock ») ou dans de la pellicule plastique, et laisser au congélateur de 6 à 8 heures au moins (on peut les laisser toute une nuit).

Au moment de servir, les passer au mélangeur ou au robot, jusqu'à l'obtention d'une consistance lisse et épaisse, comme celle de la crème glacée commerciale.

Servir immédiatement.

Variation

Pour épater vos invités vous pouvez garnir ce dessert de fruits frais en saison, de coulis de fruits frais (que vous passez au blender et tamisez) ou encore d'amandes effilées ! Ils « s'en lécheront les babines ».

☞ *C'est un vrai délice : non seulement cette recette ne renferme ni sucre, ni gras, ni cholestérol, mais elle ne contient que 75 calories par portion, c'est peu (la crème glacée commerciale en contient autour de 360)... et puis, c'est si facile à préparer !*

Sauce magique au chocolat
Une sauce qui peut servir...
à toutes les sauces

Une autre preuve que bien manger ne veut pas dire couper avec tous les petits plaisirs de la vie.

Ingrédients :

1 tasse   de dattes dénoyautées ¼ de tasse   de caroube en poudre (non sucrée) eau bouillante

Préparation :

Dans une grande tasse à mesurer, mettre les dattes dénoyautées et couvrir d'eau bouillante pour atteindre la marque des 2 tasses.

Laisser reposer de 15 à 20 minutes.

Mettre les dattes et leur eau dans le mélangeur avec la caroube en poudre et faire fonctionner jusqu'à l'obtention d'un mélange onctueux.

☞ **Quoi faire avec cette sauce ?**

Sur un **gâteau**, cette sauce fait un délicieux coulis : il suffit de le napper.

Chaude, sur de la **crème glacée** (ou mieux, sur ma « glace aux bananes ») cela fait une délicieuse sauce « hot fudge » dont les enfants petits et grands raffoleront... à l'occasion.

Sur des **fruits**, c'est un régal. Essayez-le sur des fraises pour faire des <u>fraises à la bavaroise</u> ou sur des poires pour faire des <u>poires Belle-Hélène</u>. Vous pouvez même la **réchauffer dans un plat à fondue** et y tremper vos fruits... Ce sera un dessert mémorable.

Vous aimez le **lait au chocolat** ou le **chocolat chaud** ? Mettez-en 2 c. à soupe (ou plus au goût) dans une tasse de lait, ou mieux de lait soya nature ou de mon lait d'amande... Les enfants en raffolent !

Les truffes d'Anne-Marie

Une petite tricherie, à l'occasion, ne fait pas de mal, surtout s'il s'agit de ces truffes dont tout le monde raffole.

Ingrédients :   De 25 à 30 bonbons

¹/₂ tasse	de caroube en poudre (non sucrée)
¹/₂ tasse	de beurre d'amande
¹/₂ tasse	de graines de tournesol
¹/₂ tasse	de graines de sésame
¹/₂ tasse	de germe de blé

Garniture :

¹/₄ tasse	de caroube en poudre
ou	
¹/₄ tasse	de noix de coco rapée (non sucrée)

Préparation :

Assembler tous les ingrédients (sauf ceux de la garniture), mêler le tout pour bien les amalgamer et, à la main, façonner de petites boulettes.

Rouler ces petites boulettes dans un peu de caroube ou de noix de coco râpée. Cela va vous donner d'appétissantes truffes brunes ou blanches.

☞ *Cette délicieuse friandise se prépare en un rien de temps... Mais elle disparaît encore plus vite.*

Chocolats de Pâques

Vous ne vous attendiez pas à trouver une recette de chocolats de Pâques dans mon livre... Mais malgré sa saveur, cette version santé ne contient pas de chocolat ; elle est composée d'ingrédients naturels et fait une excellente friandise... à l'occasion !

Ingrédients :   Donne de 15 à 20 bonbons

1 ¹/₂ tasse	de noix au choix hachées finement (amandes, noisettes, noix de cajou ou autres)
ou	
1 ¹/₂ tasse	de fruits séchés (raisins secs, abricots, zeste d'orange, etc.)
ou	
³/₄ de tasse	de noix et ³/₄ de tasse de fruits séchés
ainsi que :	
1 ¹/₂ tasse	de capuchons de caroube non sucrés
¹/₂ c. à soupe	de vanille ou de liqueur (Amaretto, Cointreau, etc.)

Préparation :

Dans un bain-marie, à feu doux, faire fondre la caroube. Ajouter la vanille et les noix ou les fruits (ou encore, un peu des deux), et brasser quelques minutes.

À l'aide d'une cuiller, déposer en boulettes sur un papier ciré ou sur une tôle à biscuits antiadhésive ; réfrigérer 2 ou 3 heures au moins avant de servir.

Conserver au réfrigérateur (s'il en reste, ce qui m'étonnerait).

☞ *Ce n'est pas quelque chose à manger tous les jours.... mais c'est tellement délicieux que vous voudrez en faire non seulement à Pâques, mais aussi à Noël, à l'Action de Grâces, aux anniversaires...*

Dans une jolie petite boîte, c'est un cadeau toujours apprécié lorsqu'on visite des amis.

Ma crème glacée aux fraises

Encore plus savoureuse que celle du marchand de glaces! Et tellement meilleure pour la santé.

Ingrédients :   **Pour une chopine**

4	bananes coupées en tranches d'un pouce
10	fraises entières
½ c. à soupe	jus de citron
½ c. à soupe	lait de soya

Préparation :

1- Sur une plaque à biscuits, étaler les tranches de bananes et les fraises; congeler 35 minutes.

Pour de la crème glacée molle :

2- Réduire en crème tous les ingrédients dans le robot ou le mélangeur.

Pour de la crème glacée dure

2- Après avoir liquéfié tous les ingrédients au mélangeur ou au robot, congeler de 25 à 30 minutes, mais pas plus.

Variante

Ma crème glacée aux framboises

Procéder de la même manière en remplaçant les fraises par des framboises.

☞ *Servez ces crèmes glacées dans un cornet santé, (vous en trouverez dans votre magasin d'aliments naturels), les enfants seront fous de joie.*

Mini-chaussons aux abricots

Lors de mon premier voyage en Méditerranée, j'ai été surprise par la saveur des abricots frais. Voici une nouvelle façon d'apprêter ce fruit au goût si particulier.

Ingrédients :   Pour 6 petits chaussons

¹/₂ tasse	d'huile de carthame de première pression à froid
1 tasse	de tofu ferme émietté
¹/₄ c. thé	de sel de mer
1 tasse et 2 c. à soupe	de farine complète (blé entier à pâtisserie ou épeautre)
6 c. à soupe	de confiture d'abricot sans sucre

Préparation :

1- Combiner l'huile de carthame, le tofu émietté et le sel; bien mêler à la cuiller de bois (la consistance restera un peu grumeleuse). Ajouter la farine et pétrir pour obtenir une pâte molle. Couvrir et réfrigérer au moins 30 minutes.

2- Préchauffer le four à 375°F. Abaisser la pâte et faire des carrés d'environ 3 pouces de côté. Mettre une cuillerée à table de confiture sur chaque carré, plier et presser sur le rebord. Piquer le dessus à la fourchette et déposer sur une plaque antiadhésive (ou légèrement huilée). Mettre au four environ 25 minutes.

☞ *Évidemment, vous pouvez remplacer la confiture d'abricot par une confiture sans sucre de votre choix, ou encore par de la compote de pommes, comme la « Compote rose d'Anne-Marie » ou la « Compote tutti-frutti ».*

Pain aux bananes Martinique

Cette recette rapide se fait sans œuf, elle ne contient donc pas de cholestérol... mais c'est presque du gâteau!

Ingrédients :

2½	bananes écrasées à la fourchette
1 tasse	de farine d'épeautre (ou de blé entier à pâtisserie)
½ c. à soupe	de jus de pomme concentré non sucré
½ c. à soupe	de poudre à pâte sans alun
1 c. thé	de cannelle
1 pincée	de muscade

Préparation :

1- Préchauffer le four à 350°F. Mêler les bananes écrasées avec les autres ingrédients. Verser le mélange dans un moule à pain au fini antiadhésif légèrement huilé.

2- Cuire au four 40 minutes, jusqu'à ce que le pain soit ferme (il doit rebondir au toucher).

3- Laisser refroidir 10 minutes, puis démouler à l'aide d'une spatule de plastique et envelopper les pains aussitôt dans une pellicule cellophane ou dans du papier d'aluminium.

☞ *Pour obtenir une texture tout à fait comme la recette traditionnelle, il suffit d'envelopper le pain avant qu'il ne refroidisse; il se forme une croûte, comme pour le pain que vous connaissez.*

Pommeraie enchantée

Une recette qui combine les pommes aux fruits que vous préférez !

Ingrédients :   **Pour 6 portions**

6	pommes MacIntosh pelées, épépinées et coupées en quartiers
1 tasse	de petits fruits de saison (fraises, framboises, bleuets) frais ou congelés
$\frac{1}{2}$ tasse	d'eau
le jus	d'un demi citron
$\frac{1}{2}$ tasse	de feuilles entières de basilic frais

Préparation :

1- Mettre tous les ingrédients dans une grande casserole, couvrir et laisser mijoter jusqu'à ce que les morceaux de pommes deviennent tendres, environ 30 minutes.

2- À l'aide d'une cuiller de bois ou d'un presse-purée, écraser le mélange pour obtenir la consistance désirée; de gros morceaux donneront une texture intéressante à ce dessert.

3- Laisser refroidir et réfrigérer. Servir froid. Conserver au réfrigérateur.

☞ *Au moment de servir, on peut saupoudrer un peu de granola, de céréales ou de noix afin d'obtenir un petit dessert croustillant.*

Pommes au four sans sucre
Carnaval

La pomme est un fruit bien de chez nous. Voici une nouvelle façon de l'apprêter pour faire un savoureux dessert, sans un grain de sucre.

Ingrédients :   **Pour 4 portions**

4	pommes lavées
¹/₂ tasse	de raisins secs
8	amandes
1 ¹/₂ tasse	d'eau
Cannelle et muscade au goût	

Préparation :

1- Préchauffer le four à 400°F. Évider le cœur des pommes, en prenant soin de laisser le fond car nous allons les farcir.

2- Placer les pommes dans un plat allant au four, remplir la cavité avec les raisins, garnir chacune avec 2 amandes, saupoudrer de cannelle et de muscade puis remplir d'eau. Verser environ ¹/₂ pouce d'eau dans le fond du plat.

3- Cuire au four 30 minutes.

☞ *Il existe plus de 7000 variétés de pommes à travers le monde. Pour cette recette, je vous suggère la Cortland, qui ne se défera pas, ou encore la MacIntosh.*

Pudding Cinq Étoiles
vanille ou chocolat

Un dessert rapide et savoureux. Voici une version légère et crémeuse, mais si vous voulez un pudding plus ferme, utilisez 4 c. à soupe d'arrowroot au lieu de 3.

Ingrédients :   Pour 2 portions

Pudding à la vanille (recette de base)

3 c. à soupe	d'arrowroot
2 tasses	de lait de soya nature
1/4 tasse	de sirop d'érable
1 pincée	de sel de mer
1 c. thé	de vanille
1/4 c. thé	de muscade

Variante

Pudding au chocolat

Remplacer la muscade par 2 c. à soupe de poudre de caroube, mettre seulement 1 once de sirop d'érable.

Préparation :

1- Dissoudre l'arrowroot dans 1/4 de tasse de lait de soya. Réserver.

2- Dans une casserole, verser le reste (1 3/4 tasse) de lait de soya, le sirop d'érable, le sel, la vanille et la muscade (ou la poudre de caroube).

3- Porter à ébullition en brassant constamment; lorsque le mélange commence à frémir, ajouter l'arrowroot et le lait de soya réservés et remuer pendant 1 minute.

4- Verser dans des coupes à dessert et réfrigérer 45 minutes avant de servir.

☞ *Au lieu du lait de soya nature, vous pouvez utiliser du lait de soya aromatisé (fraise, bananes, etc.). Vous pouvez aussi remplacer le lait de soya par du « lait d'amande ».*

Pudding au riz New York

Amandes et fruits parfument délicatement ce dessert si populaire.

Ingrédients :   Pour 4 portions

2 tasses	de riz complet, déjà cuit
¹/₂ tasse	de lait de soya (nature ou à la vanille)
2 c. à soupe	de beurre d'amande
¹/₂ tasse	de dattes hachées
¹/₄ tasse	de raisins secs
1 c. à soupe	de zeste d'orange râpé
une pincée	de muscade

Préparation :

1- Préchauffer le four à 350°F. Dans le mélangeur, liquéfier le lait de soya et le beurre d'amande.

2- Ajouter le mélange liquide au riz avec les dattes hachées, les raisins secs, la muscade, le zeste d'orange et remuer. Verser dans un moule légèrement huilé et cuire au four 30 minutes.

☞ *Une nouvelle recette super facile pour un dessert bien connu.*

Sauce au chocolat « petit péché » de Denise-Élaine

L'effervescente Denise-Élaine Adam a un talent fou lorsqu'il s'agit de transformer des recettes populaires en mets-santé. Faites goûter cette sauce; personne ne se doutera qu'elle ne contient ni sucre... ni chocolat.

Ingrédients :   Pour 1 tasse

1 tasse	d'eau
1 tasse	de caroube en poudre
Facultatif :	
1 à 2 c. à soupe	de succanat

Préparation :

1- Dans une casserole, bien mélanger la caroube et l'eau. Mijoter 10 minutes à feu doux, sans couvrir en remuant de temps à autre. Veiller à ce que le fond ne colle pas.

2- Au besoin, dépendant de la caroube, ajouter 1 à 2 c. à soupe de succanat.

☞ *Cette sauce peut servir... à toutes les sauces ; sur des fruits, fraises, bananes ou autres, sur un gâteau, sur une crème glacée traditionnelle ou santé. On peut même en faire une trempette ou la réchauffer pour faire un « hot fudge » ! Évidemment, vos bouts de chou seront aux anges.*

Tarte antillaise aux bananes

Ce dessert exotique ne contient que des ingrédients sains ; il est dépourvu de cholestérol et de sucre raffiné.... De plus, c'est impossible de le rater. Que demander de plus ?

Ingrédients :   **Pour une tarte de 9 pouces**

une	abaisse de tarte déjà cuite (voir la recette «Croûte-super-facile ».
$3/4$ de tasse	d'abricots séchés bien tassés (ou de dattes) non sulfurisés
2	bananes bien mûres
1 c. thé	de vanille
1 c. thé	de jus de citron frais
1 pincée	de muscade
1 paquet	de tofu mou ou "silken" ($10^{1}/_{4}$ oz ou 290 grammes)

Préparation :

1- Dans votre tasse à mesurer contenant les abricots séchés, ajouter de l'eau jusqu'à ce que vous atteigniez la marque de 1 tasse. Transférer le tout dans une petite casserole et faire mijoter 5 minutes sans couvrir. Vous pouvez remplacer les abricots par des dattes hachées grossièrement ; cependant, au lieu d'une tarte jaune, vous obtiendrez alors une teinte plutôt brunâtre et un goût plus sucré.

2- Après la cuisson, laisser reposer 10 minutes.

3- Lorsque les abricots sont refroidis, les mettre dans le robot avec ce qui reste de l'eau de cuisson et tous les autres ingrédients (sauf l'abaisse). Actionner le moteur jusqu'à l'obtention d'une belle purée lisse.

4- Verser la préparation dans l'abaisse de tarte déjà cuite et réfrigérer pendant au moins 4 heures avant de servir.

Variantes :

Tarte « Fée des bois » et tarte « Amanda »

• Une fois la tarte refroidie, vous pouvez la garnir de belles fraises fraîches ou d'amandes effilées grillées.

Tarte « Tourbillon »

• Si vous avez opté pour la version à base de dattes, des rubans de zeste de citron ajouteront une touche de couleur et une petite note de fraîcheur.

☞ *Vous pouvez ajouter ce que vous voulez pour personnaliser votre tarte. Vos invités en raffoleront. Cette préparation convient également aux tartelettes ; faute d'abaisse, vous pouvez la déposer dans des coupes et les réfrigérer, ce qui vous donnera un pudding onctueux.*

Tarte Bonhomme-Hiver
sans cuisson

Un dessert délicieux pour gâter ceux que vous aimez.

Ingrédients :   **pour une tarte**

1	abaisse déjà cuite (maison, comme la « Croûte super-facile » que vous trouverez dans ce livre, ou du commerce)
remplissage :	
1 tasse	d'abricots séchés hachés (non sulfurisés)
1 tasse	de raisins secs
7 c. thé	de fécule d'arrowroot
2 c. thé	de zeste d'orange ou de clémentine râpé
4 c. à soupe	de noix de coco non sucrée ou d'amandes effilées

Préparation :

1- Mettre les abricots et les raisins secs dans un bol, couvrir suffisamment d'eau et laisser gonfler de 4 à 6 heures (mais pas plus de 8).

2- Égoutter les fruits et réserver. Amener le liquide à ébullition, ajouter la fécule d'arrowroot et cuire une minute.

3- Retirer du feu, ajouter les fruits ainsi que le zeste d'orange ou de clémentine.

4- Verser la préparation dans l'abaisse déjà cuite et garnir de noix de coco ou d'amandes effilées.

☞ *L'abricot ne mûrit vraiment bien que si on le laisse sur l'arbre; c'est pour cela qu'il est si difficile d'en trouver à point. Par contre, séché, il est savoureux. Choisissez toujours des abricots secs non sulfurisés.*

Et plein d'autres petites choses pour vous gâter...

Muësli suisse

Depuis quelques années, le muësli connaît une vogue sans cesse grandissante. Il faut dire que c'est une délicieuse façon de commencer la journée, et nutritive en plus ; ça regorge de protéines, de fibres, de céréales... Voici une recette typique de Suisse : je l'ai recueillie pour vous lors de mon séjour dans ce si beau pays.

Ingrédients :   **Pour 4 à 6 portions**

2 tasses	de flocons d'avoine (gruau)
¹/₂ tasse	de germe de blé
¹/₄ tasse	de noix hachées
¹/₂ tasse	de raisins secs (ou d'autres fruits séchés et hachés)
¹/₄ tasse	de graines de tournesol ou de citrouille

Préparation :

Mélanger l'avoine avec le germe de blé, les noix, les graines et les raisins secs. Conserver au réfrigérateur dans un bocal bien fermé.

Au moment de servir, mettre la quantité désirée dans un petit bol ; couvrir d'eau bouillante ou de lait de soya.

Pour une touche de fraîcheur et pour davantage de vitamines, ajouter au dernier moment une pomme râpée, des petits fruits de saison ou des tranches de banane.

☞ *Aucun besoin de sucre grâce aux raisins secs.*

Trio de beurres

Beurre allégé

On sait que la margarine est à éviter... et que le beurre est un peu riche pour certains... Mais inutile de vous priver : cette recette de beurre allégé est facile à faire et compatible avec une bonne alimentation.

¹/₄ de livre	de beurre à la température de la pièce
¹/₄ de tasse	d'huile de carthame (première pression à froid) ou d'une autre huile, mais l'huile de carthame à un goût très doux.

Mêler l'huile et le beurre à la main (ce n'est pas évident), ou encore à la mixette ou au mélangeur, ce qui va beaucoup mieux.

Garder au réfrigérateur.

Beurre allégé aux herbes

Confectionner le beurre allégé comme indiqué ci-dessus, mais y ajouter <u>une cuillerée à soupe d'herbes fraîches hachées</u> (par exemple du basilic ou de la ciboulette) ou <u>une cuillerée à thé d'herbes sèches</u>.

Beurre de noix

C'est une recette exquise pour accompagner vos légumes ; sur du pain ou sur vos rôties le matin, c'est un vrai délice.

3 c. à soupe	de graines de tournesol
3 c. à soupe	d'amandes
¹/₄ tasse	de céleri haché fin
¹/₄ tasse	d'huile d'olive (première pression à froid)
¹/₈ c. thé	de sel de mer

Moudre les graines de tournesol et les amandes au mélangeur ou au robot. Ajouter ensuite les autres ingrédients et mélanger jusqu'à ce que ce soit homogène. Conserver au réfrigérateur.

☞ *Ce beurre de noix ne contient pas de cholestérol, est faible en gras saturé, une noisette (pas plus) sur vos légumes vapeur et vous allez vous pourlécher les babines.*

Vinaigres parfumés

De petites bouteilles de vinaigres parfumés font un joli cadeau toujours apprécié. C'est facile à confectionner, cela ne coûte presque rien et ça fait tellement plaisir... N'oubliez pas d'en garder une ou deux pour vous !

Ingrédients :   Pour 4 tasses

1 tasse	d'herbes fraîches (ou ½ tasse d'herbes séchées) ; plus bas vous trouverez quelques suggestions
4 tasses	de vinaigre de cidre de pomme

Préparation :

Si on utilise des herbes fraîches, bien les rincer à l'eau et les essorer avec un linge propre.

Frotter les herbes (fraîches ou séchées) entre les paumes de vos mains afin d'en libérer la saveur. Si l'on emploie des graines, les écraser un peu pour la même raison.

Mettre les herbes dans un grand pot de verre et verser le vinaigre de cidre de pomme lentement dessus. Couvrir avec un couvercle de plastique (au contact du métal, le vinaigre a une réaction chimique).

Laisser le vinaigre reposer au moins deux semaines, puis le filtrer à l'aide d'un coton à fromage et le verser dans des bouteilles ou des pots stérilisés. Pour décorer, mettre 2 ou 3 branches de l'herbe choisie dans la bouteille, puis fermer avec un bouchon non métallique ou en liège.

Suggestion de saveur :

Utiliser une ou plusieurs des herbes suivantes : le basilic, la ciboulette, le thym, l'origan, la marjolaine, l'estragon, l'aneth, le romarin, le zeste de citron, le clou de girofle, le gingembre, la menthe, les pétales de rose ou des gousses d'ail (pelées).

Parmi les mélanges les plus populaires, il y a le thym et le romarin, le basilic avec l'origan et l'ail, la menthe et le zeste de citron, ou le zeste d'une orange avec deux bâtons de cannelle et 6 clous de girofle.

☞ *Faites-en toujours à l'avance; si l'on vous invite quelque part, vous aurez un petit quelque chose de bien spécial à offrir.*

Mes patates « chips »

Un petit régal « croustillant », facile à préparer et qui fait toujours sensation.

Ingrédients :   **Pour 1 personne**

1	pomme de terre moyenne (ou ½ grosse)
1 c. à soupe	d'huile d'olive (première pression à froid)
1 c. à soupe	de sauce « tamari »

Préparation :

Préchauffer le four à gril (broil).

Peler les pommes de terre et les couper en tranches bien minces. Mêler l'huile d'olive et la sauce « tamari » jusqu'à ce qu'elles soient bien amalgamées.

Badigeonner ce mélange sur les deux côtés des tranches de pommes de terre et les disposer sur une tôle à biscuits antiadhésive ; les répartir également en veillant à ce qu'elles ne chevauchent pas l'une sur l'autre.

Faire griller au centre du four environ 7 minutes, jusqu'à ce qu'elles soient d'un beau jaune doré. Les retourner et faire dorer l'autre côté, environ 3 à 5 minutes. Ne pas trop les faire cuire, cela donnerait un goût amer ; elles doivent dorer sans brunir.

Si ces croustilles sont préparées à l'avance, elles peuvent être réchauffées au moment de servir.

☞ *Un petit conseil : faites-en assez !*

Giardiniera
Légumes marinés à l'italienne

Une autre savoureuse recette qui vient du pays de mes grands-parents... Mais adaptée aux règles de la santé naturelle spécialement pour vous.

Ingrédients :   **Pour 6 tasses**

3 tasses	de légumes mélangés **au choix**
	– carottes en rondelles de $1/4$ de pouce
	– céleri en morceaux de $1/2$ pouce
	– oignons en rondelles
	– fleurets de chou-fleur
	– rutabaga en cubes de $1/4$ de pouce
	– poivrons en lamelles de $1/4$ de pouce
	ou autres
1 tasse	d'eau
$1/4$ tasse	de vinaigre de cidre de pomme
1 c. thé	de sel de mer
$1/2$ c. thé	d'origan
$1/2$ c. thé	de basilic
une pincée	de poivre
une	gousse d'ail coupée en 4 (facultatif)

Préparation :

Dans une grande casserole, porter à ébullition l'eau, le vinaigre, les épices, les aromates et la gousse d'ail.

Aussitôt que ça bout, ajouter les légumes, couvrir et laisser mijoter 15 minutes. Les légumes doivent demeurer croquants.

Refroidir puis réfrigérer au moins 4 heures avant de servir.

Cette marinade se conservera plusieurs semaines au réfrigérateur.

☞ *Cette jardinière fait un accompagnement délicieux à l'occasion... Mais elle ne remplace pas vraiment votre portion de légumes.*

Le catsup d'Anne-Marie

Bien manger ne veut pas dire se priver de tous les plaisirs de la table. On a parfois le goût d'un accompagnement comme le si populaire «catsup»... mais ceux qu'on retrouve dans le commerce contiennent autant de sucre que la crème glacée, en plus d'un tas d'additifs chimiques. Lisez les étiquettes, vous n'en reviendrez pas.

Je vous ai donc concocté une version santé du catsup, et je dois dire que je suis assez fière du résultat : en plus de son bon goût, il est super économique.

Ingrédients : Donne 1 tasse

1 petite boîte	(5$\frac{1}{2}$ onces) de purée de tomate en conserve
1 once	de jus de citron frais
2 ou 3	dattes hachées
$\frac{1}{4}$ tasse	d'eau
1	oignon vert haché
$\frac{1}{4}$ c. thé	de sel de mer
$\frac{1}{2}$ c. thé	d'origan
une pincée	de cayenne
une pincée	de poudre d'ail
une pincée	de muscade

Préparation :

Mettre tous les ingrédients dans le mélangeur et liquéfier durant quelques minutes, jusqu'à ce que vous obteniez une belle sauce rouge et onctueuse.

Conserver au réfrigérateur.

☞ *Pour la moitié du prix des marques commerciales, vous avez un catsup qui contient moitié moins de calories, qui est exempt de sucre et de vinaigre, qui ne renferme ni gras ni cholestérol.*

Un petit conseil : N'oubliez pas de bien mettre le couvercle du mélangeur. La première fois que j'ai essayé cette recette, je l'avais mal fermé ; résultat, j'ai eu de la sauce tomate sur le toupet... et jusque sur mon plafond !

Délice aux pépins de citrouille

Si vous faites une citrouille d'Halloween, ne jetez surtout pas les pépins : vous pouvez en faire une petite « grignoterie » santé.

Ingrédients :

1 ou 2 tasses de pépins de citrouille naturels

Préparation :

Préchauffer le four à 250°F.

Prendre les pépins de citrouille et enlever soigneusement tous les filaments à la main . Ne pas laver les pépins.

Étendre les pépins sur une plaque à biscuits et mettre au four jusqu'à ce qu'ils soient très légèrement dorés, de 30 à 45 minutes. Ne pas cuire trop longtemps.

☞ *Voici un amuse-gueule qui déborde de valeurs nutritives et qui est excellent dans les cas d'infection urinaire, d'insuffisance rénale, d'insomnie et de constipation. N'en faites pas trop à la fois, c'est si bon... qu'on ne peut plus s'arrêter !*

Confiture Délico-pommes

Une confiture vraiment sucrée... mais qui ne contient absolument pas de sucre ni d'additif chimique.

Ingrédients :

½ tasse	de raisins secs
½ tasse	de dattes coupées en 3 ou 4
2	belles pommes épépinées, pelées et râpées

un soupçon de vanille (la fraîche est si bonne !)
une pincée de cannelle et de muscade (au goût)

Préparation :

Placer les dattes et les raisins secs dans une casserole, couvrir d'eau et porter à ébullition. Mettre le couvercle et laisser mijoter 30 minutes.

Égoutter grossièrement (garder l'eau de cuisson), passer au mélangeur (ou au robot culinaire). Ajouter les pommes au mélange de dattes et de raisins.

Le mélange doit avoir la consistance d'une confiture traditionnelle. S'il est trop épais, ajouter un peu d'eau de cuisson, quelques gouttes à la fois.

Ajouter la vanille et, si on le désire, la cannelle et la muscade.

Conserver au réfrigérateur.

☞ *Essayez cette confiture sur vos rôties ou comme glaçage sur les gâteaux.*

Mon super « milk shake »

L'été, les enfants, petits et grands, ont parfois le goût d'une petite gâterie froide... Voici un « milk shake » à ma façon.

Ingrédients :   **Pour 2 portions...ou une super grosse !**

1 tasse   de lait de soya nature
½ tasse   de fruits frais à votre goût (bananes, pêches, fraises, abricots, ou autres... On peut même en combiner plusieurs sortes)

et pour plus de valeur alimentaire :

1 c. à soupe de beurre d'amande **ou**
1 c. à soupe de levure nutritionnelle **ou**
2 c. à soupe de germe de blé

Préparation :

Mettre tous les ingrédients dans le mélangeur et faire fonctionner pendant quelques minutes, jusqu'à ce que le mélange prenne une consistance lisse et onctueuse.

☞ *Cette recette fait un dessert dangereusement bon ou une collation rafraîchissante. Elle peut même servir de repas-éclair à l'occasion. Pour un pique-nique ou un lunch d'écolier, la garder au thermos.*

Bonbons Fripon aux figues

Qui a dit qu'il était impossible de se gâter et de rester en forme ?

Ingrédients :   **Pour 20 bonbons**

4 tasses	d'eau
2 c. à soupe	de jus de citron frais
1 tasse	de figues séchées
$1/2$ tasse	de noix ou d'amandes émincées
$1/2$ tasse	de graines de tournesol nature
$1/2$ tasse	de noix de coco non sucrée

Préparation :

1- Amener l'eau à ébullition, puis ajouter le jus de citron et les figues. Laisser mijoter couvert à feu doux pendant 10 minutes.

2- Égoutter, passer les figues au mélangeur ou au robot, puis ajouter la noix ou les amandes émincées ainsi que les graines de tournesol.

3- Réduire en purée, puis façonner de petites boules (de 15 à 20 selon la grosseur désirée) et rouler dans de la noix de coco non sucrée.

☞ *Vos amis seront enchantés... espérons qu'il vous en restera !*

Bouquet garni Sensation

Ce n'est pas le bouquet garni traditionnel; celui-ci est un peu plus parfumé. Il fera des merveilles dans vos plats en casserole, dans vos pot-au-feu ou dans vos soupes.

Ingrédients :   Pour un bouquet garni

2	feuilles de laurier
5	grains de poivre noir
1 c. thé	de basilic séché
1 c. thé	de persil séché
1 c. thé	de thym séché
½ c. thé	d'origan séché
½ c. thé	de cayenne
un sachet de mousseline	

Préparation :

1- Combiner tous les ingrédients et les mettre dans un sachet de mousseline; bien fermer.

Variantes

On peut aussi ajouter, au goût:
— 1 clou de girofle
— 1 morceau de gingembre frais
— 1 c. thé de cumin
— ½ bâton de cannelle

Soupe éclair

1- Mettre le bouquet garni dans 2 tasses d'eau bouillante. Laisser mijoter de 15 à 20 minutes.

☞ *Voici un cadeau toujours très apprécié... mais tant qu'à faire, pourquoi ne pas vous gâter vous-même un peu ?*

Huiles aromatisées

Des huiles délicatement parfumées ou épicées qui donneront du panache à vos salades ou à vos plats...

Ingrédients :   pour 3 tasses

3 tasses	d'huile d'olive de première pression à froid
Au choix	
5 ou 6 c. à soupe	d'herbes séchées ou d'épices (vous pouvez utiliser une ou plusieurs variétés). Quelques suggestions : thym, menthe, estragon, romarin, ciboulette, sauge, clou de girofle, coriandre, cumin, piment fort

Préparation :

1- Placer vos aromates au fond d'un grand pot de verre très propre et parfaitement sec. Verser l'huile par-dessus, couvrir hermétiquement et conserver dans un endroit sombre et frais entre une et huit semaines. Plus on attend longtemps, plus l'huile sera parfumée.

2- Vérifier l'huile une fois par semaine; si les aromates commencent à se décomposer, filtrer avec un égouttoir à très petits trous ou avec plusieurs épaisseurs de coton à fromage; on peut aussi utiliser un filtre à café. Enlever les résidus d'aromates et embouteiller à nouveau.

3- Lorsque l'huile est aromatisée à votre goût, bien filtrer, transvider dans des petits pots de verre bien propres et (facultatif) ajouter des branches des herbes que vous avez choisies pour décorer.

Petits trucs :

• Les herbes fraîches sont plus savoureuses mais il faut s'assurer qu'elles soient absolument exemptes d'humidité.

• L'origan, le fenouil, la sauge, le thym sont délicieux seuls ou en combinaison ; vous pouvez également ajouter des épices. Faites preuve d'imagination.

• Le basilic devient noir dans l'huile, évitez de l'utiliser.

• On peut même mettre de l'ail, mais dans ce cas, il est essentiel d'éplucher les gousses entières et de les laisser mariner au moins 24 heures dans du vinaigre de cidre de pomme avant de le mettre dans l'huile (sans cette précaution, l'ail risque de devenir toxique dans l'huile). Les huiles contenant de l'ail mariné doivent être conservées au réfrigérateur.

☞   *Faites-en donc un peu plus. Dans une jolie petite bouteille décorée d'un beau ruban, quel joli cadeau !*

Les « herbes magiques » d'Anne-Marie

Pas besoin d'être une sorcière pour concocter ce mélange savoureux d'herbes aromatisées.

Ingrédients :   Pour 3 onces

6 c. à soupe de persil séché
4 c. à soupe de basilic séché
2 c. à soupe d'origan séché
2 c. à soupe de paprika
1 c. à soupe de moutarde sèche
1 c. à soupe de poudre d'ail
1 c. à soupe de sel de mer

Préparation :

Bien mélanger tous les ingrédients; le tour est joué.

Que faire avec mes Herbes magiques ?

Trempette « Magie Blanche »

Mêler 2 c. à soupe d'herbes magiques à
1 tasse de yogourt nature **ou** à 1 tasse de tofu mou (**ou** à
$1/2$ tasse de chacun).

Vinaigrette « Doigts-de-Fée »

Mêler 1 c. à soupe d'herbes magiques à
$1/4$ tasse d'huile d'olive de première pression à froid et à
1 c. thé de jus de citron **ou** de vinaigre de cidre de pomme.

Assaisonnement « Sortilège »

Mettre les herbes dans une salière (ou un «saupoudroir»
à parmesan). Utilisez sur des légumes vapeur, du poulet,
du poisson ou autre.

☞ *Dans une jolie salière, ornée d'un ruban et des suggestions d'utilisation, voilà un joli cadeau.*

En passant, laissez-en une salière sur la table : c'est une bonne façon de relever le goût de nos aliments tout en diminuant notre consommation de sel.

Recettes beauté

Bain « douce détente »

Ses effluves vous feront oublier tous les petits ennuis de la journée et vous délasseront.

Ingrédients :   Préparation pour 1 bain

1 poignée	d'écorces d'orange séchées
1 poignée	de pétales de roses
1 c. à soupe	de camomille séchée
1 sac de mousseline	

Mettre tous les ingrédients dans le sac de mousseline, bien fermer.

Mode d'emploi :

— Laisser l'eau du robinet couler sur le sachet.

— Détendez-vous dans ce bain une quinzaine de minutes.

☞ *Une autre suggestion cadeau qui sera appréciée.*

Bain « petits pieds »

Vos pieds vous supportent toute la journée... pourquoi ne pas les dorloter un peu ?

Ingrédients :   **Préparation pour un bain de pieds**

1 c. à soupe de romarin séché **ou** 1 c. à soupe de thym séché 1 sachet de mousseline
Mettre le romarin ou le thym dans le sac de mousseline. Fermer.

Mode d'emploi :

— Remplir un bassinet d'eau chaude, mais pas brûlante, et y ajouter le sachet.

— Laisser tremper les pieds une dizaine de minutes.

☞ *On a tendance à reléguer les bains de pieds aux oubliettes avec les recettes de grand-mère. Pourtant, c'est une merveilleuse façon de se détendre et cela repose davantage les pieds qu'un bain complet. Tentez vous-même l'expérience, vous serez surpris du résultat.*

Baume merveilleux à tout faire

Ce baume est excellent pour donner un coup d'éclat à votre visage (sauf pour les peaux très grasses ou acnéiques), vos mains ou vos cheveux secs.

Ingrédients : Préparation pour 2 onces

1 once	d'huile d'olive de première pression à froid
1 once	de sel d'aloès

Bien mêler les ingrédients et conserver au réfrigérateur

Mode d'emploi :

— **Pour le visage**, comme crème de jour ou crème de nuit.

Pour la crème de nuit, si votre peau est très abîmée, ajouter le contenu d'une capsule de vitamine E, d'huile d'onagre, de bourrache ou de poisson.

— **Pour les mains**, appliquer sur les mains et porter des gants de coton; conserver toute la nuit.

— **Pour les cheveux**, appliquer sur les pointes sèches, puis se recouvrir la chevelure de papier cellophane ou d'un sac de polythène. Conserver de 15 à 20 minutes puis faire un shampooing.

☞ *Des soins aussi efficaces qu'en institut... pour à peine une fraction du prix!*

Conditionneur pour les cheveux « parfums du jardin »

Il n'est pas toujours facile de choisir parmi tous les conditionneurs du commerce. Cette recette économique et délicatement parfumée donnera de l'éclat à vos cheveux tout en facilitant le démêlage.

Ingrédients :   **Pour 3 tasses**

6 c. à soupe	de romarin séché
3 c. à soupe	d'ortie séchée
3 c. à soupe	de camomille séchée
1 c. à soupe	de lavande séchée
2 tasses	d'eau bouillante
Pour les cheveux secs	
3 gouttes	d'huile d'amande douce

Préparation :

1- Mettre les herbes au fond d'un pot de verre, verser l'eau bouillante, couvrir, et laisser refroidir.

2- Filtrer le mélange; pour les cheveux secs ajouter l'huile d'amande douce. Conserver au réfrigérateur.

☞ *Après le shampooing, appliquer une demi-tasse de ce conditionneur en versant lentement et en massant bien le cuir chevelu. Inutile de rincer.*

Exfoliant maison à la lavande

Les exfoliants débarrassent le visage de la couche de peaux mortes qui le recouvre et ainsi rendent le teint lumineux. Une ou deux fois par semaine et on vous complimentera sur votre mine !

Ingrédients :   **Pour ¹/₂ tasse**

¹/₄ tasse	d'amandes
¹/₄ tasse	de flocons d'avoine
1 once	de lavande séchée

Dans un moulin à café ou au mélangeur, réduire les amandes en poudre. Réserver.

Moudre l'avoine et la lavande en poudre; ajouter aux amandes et bien mélanger. Conserver dans un récipient hermétique.

Mode d'emploi :

● Mélanger une cuillerée du mélange avec assez d'eau pour obtenir une pâte assez solide.

● Sur le visage fraîchement nettoyé, appliquer le mélange en frottant doucement en mouvements circulaires quelques minutes.

● Rincer à l'eau tiède, puis (facultatif) appliquer une crème pour le visage.

● Utiliser à raison d'une ou deux fois par semaine.

☞ *Dans un petit pot enrubanné, voilà un très joli cadeau !*

Contre-indication : *ne pas utiliser sur une peau acnéique.*

Masque antirides Bihova

Des études scientifiques ont démontré à quel point les acides alpha-hydroxiques étaient efficaces pour régénérer la peau et même diminuer les rides, les taches brunes et l'acné.

On retrouve cet acide dans des crèmes commerciales haut de gamme et, par conséquent, très coûteuses ; mais voici une recette qui a été mise au point par une dermatologue réputée, le docteur Diana Bihova, M.D, une recette qui ne coûte que quelques sous !

Ingrédients :   Pour un masque

1 pomme	tranchée en fines lamelles
¼ tasse	(au besoin) d'eau filtrée ou d'eau de source

Préparation :

1- Disposer les lamelles de pomme au fond d'une petite casserole. Verser juste ce qu'il faut d'eau par-dessus pour couvrir le fond. Cuire à feu moyen 5 minutes.

2- Écraser à la fourchette et laisser refroidir.

3- Appliquer ce masque sur le visage fraîchement nettoyé et garder de 15 à 30 minutes, une fois par semaine. Jeter le reste.

☞ *Ce masque très efficace picote et « tire » un peu la peau lorsqu'il travaille. On suggère néanmoins de le tester tout d'abord sur une petite surface de peau (par exemple à l'intérieur du bras) afin d'éviter les réactions allergiques.*

Cette recette est tirée du livre « Beauty from the Inside Out », du Dr Diana Bihova, aux éditions Rawson Associates.

Masque de la Reine-Abeille

Ce masque est très hydratant et nettoyant à la fois. Chaque fois que je donne cette recette, je reçois énormément de commentaires positifs à son sujet. Pourquoi ne pas l'expérimenter vous-même ? Vous le méritez!

Ingrédients : Préparation pour un traitement

1 c. thé	d'argile blanche (pour les peaux sèches) **ou** verte (pour les peaux mixtes ou grasses)
1 c. thé	de miel cru non pasteurisé

- Bien mélanger le miel et l'argile.

Mode d'emploi :

- Appliquer ce masque sur le visage fraîchement nettoyé. Laisser reposer 15 minutes.

- Rincer à l'eau tiède et appliquer une crème hydratante.

Masque « traitement royal » pour les cheveux

Un pour cheveux secs

Un pour cheveux gras !

On doit toujours choisir son shampooing en fonction de son cuir chevelu, et de son conditionneur pour ses cheveux.

Au lieu des traitements du commerce parfois très coûteux, essayez donc ce masque aux ingrédients purement naturels ! Vous serez surpris du résultat.

Ingrédients :   Pour 1 traitement

Pour les cheveux normaux ou gras

4 onces	de yogourt nature
1/4	banane

Pour les cheveux secs

2 onces	de yogourt nature
1/2	banane
1 c. thé	d'huile d'olive de première pression à froid

Facultatif (si le cuir chevelu présente des croûtes)

1 c. thé	de vinaigre de cidre de pomme

Préparation :

1- Liquéfier tous les ingrédients au mélangeur.

2- Appliquer sur les cheveux lavés et essorés. Laisser agir 15 minutes et bien rincer.

☞ *Utilisez ce masque une fois par semaine; vous aurez ainsi une chevelure lustrée et attrayante.*

Rince Natura
contre les pellicules

Les pellicules sont causées par des micro-organismes. Au lieu d'utiliser les shampooings commerciaux qui sont souvent très irritants pour le cuir chevelu, essayez ce rince.

Ingrédients :   **Pour 2 tasses**

4 c. à soupe	de feuilles de thym séchées (s'achète en vrac à votre magasin d'aliments naturels)
2 tasses	d'eau bouillante

Préparation :

1- Mettre les feuilles de thym séchées dans un pot de verre. Verser l'eau bouillante par-dessus et laisser refroidir.

2- Filtrer le mélange et conserver au réfrigérateur.

☞ *Après le shampooing, verser une demi-tasse de ce rince sur vos cheveux en massant votre cuir chevelu. Ne rincez pas.*

Le thym est un antiseptique naturel et doux qui calmera les démangeaisons tout en réduisant les pellicules.

Yeux de velours

La première chose que l'on remarque lorsqu'on rencontre quelqu'un, ce sont ses yeux. Voici un petit truc dont on se sert à la télévision et au cinéma pour avoir de véritables yeux de velours.

Ingrédients : Préparation pour un traitement

2	boulettes d'ouate
2 sachets	(ou l'équivalent) de tisane de camomille
$1/2$ tasse	d'eau bouillante

• Laisser infuser la camomille dans l'eau 15 minutes. Ajouter les boulettes d'ouate et laisser tiédir.

Mode d'emploi :

Appliquer les boulettes d'ouate humides sur les paupières et conserver de 5 à 10 minutes.

☞ *Beaucoup de comédiennes et de chanteuses se servent de cette recette. Essayez et vous aussi vous direz adieu aux yeux pochés, rouges ou fatigués.*

Table des matières

Notes

Notes

Notes

Notes

Notes

Notes

Notes

Notes

Notes

Notes

MARQUIS

Achevé d'imprimer en mai 1995
sur les presses de
l'Imprimerie d'édition Marquis
Montmagny (Québec)